伸びる企業の買収戦略

実録　中堅・中小M&A成功事例の徹底解剖！

日本M&Aセンター事業法人部　著

ダイヤモンド社

はじめに

今この瞬間も、全国の中堅・中小企業は懸命に事業活動を進めています。

人材不足に少子高齢化と人口減少の影響による販路や売上げの減少……。中堅・中小企業を取り巻く環境は決してよいとはいえません。

さらにはコロナ禍によって、外国人人材の入国に制限があり、事業活動に影響が出ているほか、世界的な物流停滞からくる原材料価格や輸送費の高騰、半導体不足の直撃を受け、生産の縮小などを余儀なくされている会社も多いことでしょう。

本書は、こうした冬の時代を生き抜こうと奮闘する中堅・中小企業の皆さんに向けて、事業の継続やその先の成長を後押しする本でありたいと願い、書き下ろしました。

具体的には、M＆Aという手法を用いてほかの中堅企業や中小企業を買収し、その効果を事業の継続や成長に結び付ける手法について、様々な角度から解き明かしていくつもりです。読者としては、中堅・中小企業の経営者や経営陣、M＆Aの担当者などを想定していますが、社内外の後継者候補の方、あるいは将来の幹部候補生を自負するやる気ある若手社員の皆さんにも手に取ってもらえればと願っています。また、地域の金融機関や会計事務所、税理士事務所などM＆Aを担う担当者にも興味をもってほしいと思います。

なお、本書が対象とする企業は売上規模では数億円から数十億円程度を中心に据えますが、より小規模な会社や逆に株式上場も果たしているような大企業やそのグループ企業に勤める方々にも参考になるよう配慮しました。

業種についても建設や土木から製造、運輸、卸、小売り、福祉、サービスなど幅広く扱っていきます。そのため、異業種の会社の買収などを検討している読者にも役立てていただけるはずです。

本書の最大の特徴は、「買い手企業」に向けたものであるということです。また、知識や最新の知見を得るための専門書やいわゆる〝お勉強本〟ではありません。

目指した方向性は、「まだM＆Aを本格的に考えたことがない企業」や「M＆Aのメリットや必要性はわかっているものの、実行に踏み切れないでいる企業」に向けて、背中を押してあげられる本でありたいというものです。

そのため、例えばM＆Aの諸手続きや書類の細かな様式などについては必要最低限の記述にとどめました。こうした情報が必要な方々は、ほかの実用教科書的な本をあたってください。本書ではむしろ、経営者の生の声や実感、また私たちがこれまで750件超（2022年12月末時点）のM＆Aを支援してきた中で得た、生きたノウハウや現場での心掛けといったリアルな実態を取り上げていくつもりです。

買い手に向けた本であること以外にも、いくつかのポイントがあります。一つは、実例を豊富に掲載したこと。第2章を中心に、その他の章の後半などに15社のM＆A実施例を掲載しました。買い手となった企業は、全て実名です。それら企業の担当者の声を集め、可能な範囲で売買の詳細（業種や規模、売却と購入理由、金額など）についても触れました。売り手となった企業の名称については多くを伏せていますが、それ以外はほぼ実際の売買の模様がリアルに記されています。

実は、多くのM＆Aの解説書では、こうした事例は仮名や架空のストーリーとして語られることがほとんどです。数字や買収理由などがぼかされた結果、読んでいても迫真の感が薄く、自社に応用してみようといった実感をもちにくいように思います。その点、本書の15社のケーススタディは、失敗した部分も含めて、生きた実用読み物として活用していただけるはずです。本書を読み進めるうえで、ぜひ各企業のホームページもご覧ください。

その他の特徴としては、M&Aの様々なカタチを「目的別に6類型化」して整理をしました（第2章）。M&Aに興味はあるが踏み切れないという読者の方なら、いま一度自社の置かれた状況と照らし合わせながら、具体像をイメージしてください。

さらに、いわゆるアフターM&A、PMI（ポスト・マージャー・インテグレーション＝M&A後の経営統合）についても独立した章を設け、実例と共に解説を加えました。言うまでもなく、M&Aは買収自体が目的ではありません。その先のシナジー効果や、さらなる成長が目的です。

そのためには、M&Aの最中から買収後の姿を描いておくことが肝心です。効果が大きく、売り買いの双方に無理がないPMI、経営統合とはいかなるものか？　この点についても、生の声を重視してページを構成しました。

PMIについては、大規模M&Aや、欧米でのM&Aでは重要視されてきました。近年は、ようやく日本国内のM&Aでもその比重が高まりつつあり、当社グループでも専門書を刊行しています。とはいえ、本書のような「買い手の背中を後押しする実践的な入門書」でPMIが大きく取り上げられることはあまりなかったように思います。既にM&Aの経験があるような読者であっても、第4章で扱うPMIは必読といえます。

さらに、発展的なM&Aの活用法として、第5章では既にM&Aを経験した企業に向けて、「複数回のM&A（リピート）」、さらには主にASEAN地域への進出やそれら地域での人材獲得を目的とした「海外M&A」活用についても紹介します。

詳細は本編で述べますが、M&Aは回数をこなすほど、経験値だけでなく買収効果もアップすることが明らかになっています。また、当社のASEAN地域の現地拠点や現地人材を活用してもらうことで、これまで考えもしなかった海外進出や海外からの人材獲得に結び付けることもできるでしょう。

東京商工リサーチの調査では、2022年に休廃業、解散した企業は4万9625件で、2000年の調査開始以降最も多かった2020年の4万9698件にほぼ並ぶ、過去2番目の高水準を記録したということです。中小企業庁によれば、127万人の経営者が後継者未定の状況に陥り、そのうちの60万社が黒字廃業をするおそれがある、という試算もあります。優良かつ将来性もある多くの中小企業が、事業継続を諦めて自主的に〝店じまい〟をしているという、もったいない状況が続いているのです。

そうした中に、自社にマッチした未知の企業がきっとあるはずです。むしろこれからの事業継続とさらなる成長には、時間と人材を買うM＆Aが不可欠のものとなっていくでしょう。

本書には、そのためのノウハウを惜しみなく記しました。皆様の企業の継続と発展のために、ぜひご活用ください。

2023年9月

日本M＆Aセンター事業法人部

目次

第4章

アフターこそ肝心。M&Aの効果を上げるPMIの手法とは

第6章 これからの日本企業・経済の成長のために——近未来のM&Aの展望

第1章

中小企業の生き残りと成長を加速するM&A

1

M&Aによる様々な効果
——売上げ・市場シェア、新規参入、人材獲得……

第1章では、中堅・中小企業にとってのM&Aのメリットや得られる効果について、まず総論的に述べていくこととします。

「はじめに」でも述べた現況に加えて、コロナ禍や円安、ロシアによるウクライナへの侵攻によって、国内においても企業経営における不確かさが増しています。こうした時代にあっては、「現状維持」を狙っても衰退していくだけです。

次ページの図1にもあるように、既に人口減少時代に突入している日本は、今後40年の間に、約20%もの人口が減少するといわれています。各種の調査でやや数値は異なりますが、現在1億2000万人強の人口は、約40年後には8000万人と1億人を切る水準まで落ち込むといわれているのです。

保育所の増設や官民による育児支援等も遅まきながら強化されつつありますが、人口ボリュームの多かった団塊ジュニア世代が結婚・出産適齢期を過ぎたことで、人口動態がプ

図1　日本の総人口と労働力人口の推移

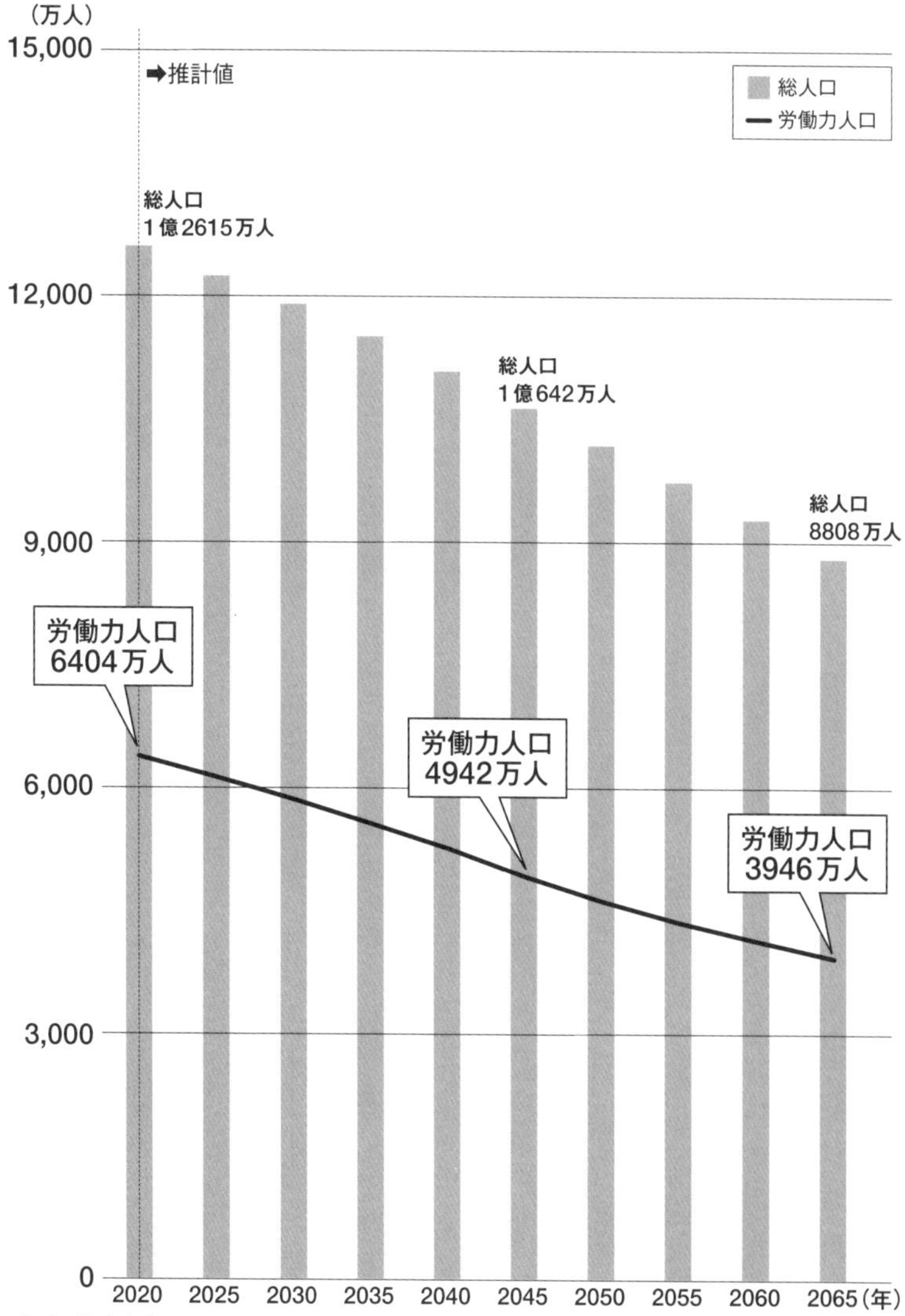

出所：総務省「労働力調査年報」、国立社会保障・人口問題研究所「日本の将来人口推計」、厚生労働省「人口動態調査」を基に日本M&Aセンター作成

ラスに転じることはあり得ないといわれます。つまり、今後いくら子育て支援が充実しても、それは人口減の速度を緩やかにする効果しかないということです。

不況下の現状維持に甘んじていてはいけない

「同業の会社が苦しんでいる中で、ウチはなんとか去年の売上げ、利益を維持できているから合格だ」

このように自己採点をする経営者もいるかもしれませんが、今後、総人口の減少と併せて労働力人口も減少していきます。企業の総数も減るとはいえ、減っていくパイを奪い合うという争いが加速し、優秀な人材獲得は困難になっていくでしょう。

さらに、消費の減少によって設備投資も必然的に減り、国内市場はシュリンク（縮小）していくはずです。海外に販路を求める手はあるにせよ、日本全体では市場規模も生産能力も比例して減っていくのが既定路線なのです。

今日の現状維持は、そのまま将来の衰退につながる。それを避けるためにも、現状維持に満足するのではなく、さらなる成長を求めることが事業継続や安定した成長軌道に会社を乗せることにつながるのです。

とはいえ、自社単独での成長には自ずと限界があります。働き方改革も叫ばれる昨今、従業員に負担を強いるのは論外であり、むしろ給与アップや福利厚生に気を配る必要があります。つまり、自社の資本やリソースのみで成長を続けるのは容易ではないのです。

営業力の強化や新しい技術の導入で既存事業を拡大するとともに、収益性の高い新しい事業領域を探すことが企業の成長戦略には欠かせません。新しい事業分野への進出、新しい製品やサービスの開発など自社単独で達成を目指すのではなく、既に販路や技術、人材をもつ他社の資本やリソースを活用して成長を図るのがＭ＆Ａなのです。

Ｍ＆Ａの効果とは？

21ページの図２に、Ｍ＆Ａの実施目的上位５項目をまとめました。

１位の「売上げ・市場シェアの拡大」は、主に同業や類似業種の会社を買収し、シェア拡大を図るというものです。２位の「新事業展開・異業種への参入」については、異業種買収による多角化のほか、本業が不振だったり将来性に乏しかったりする場合、第二の柱を模索しての買収といったケースもあります。３位の「人材の獲得」は、昨今特に目立つ買収動機となっています。国内企業の従業員だけでなく、東アジアや東南アジアの会社を買収し、現地従業員の労働力を頼りにするといったＭ＆Ａも増えています。

４位の「技術・ノウハウの獲得」については、優秀な技術者や職人といった人にまつわるもののほか、自社にはない特許や商標といった知的財産が目的の場合もあります。5位の「コスト削減・合理化」については、仕入れの一本化のほか、例えば外注していた物流機能や製造機能などの業務を他社買収によって内製化、合理化するような目的も含まれます。

これらは代表的なM&Aの実施目的ですが、もちろん買い手の各社ごとに買収の目的は様々ですし、1件のM&Aで複数の目的を兼ねるといったケースもあります。

商品力や販路といった自社の強みをさらに伸ばすのか、それとも自社にはない知財や人材といったものを手にして成長するのか……様々な可能性を考えておくべきです。

図2　買い手としてM&Aを検討した目的

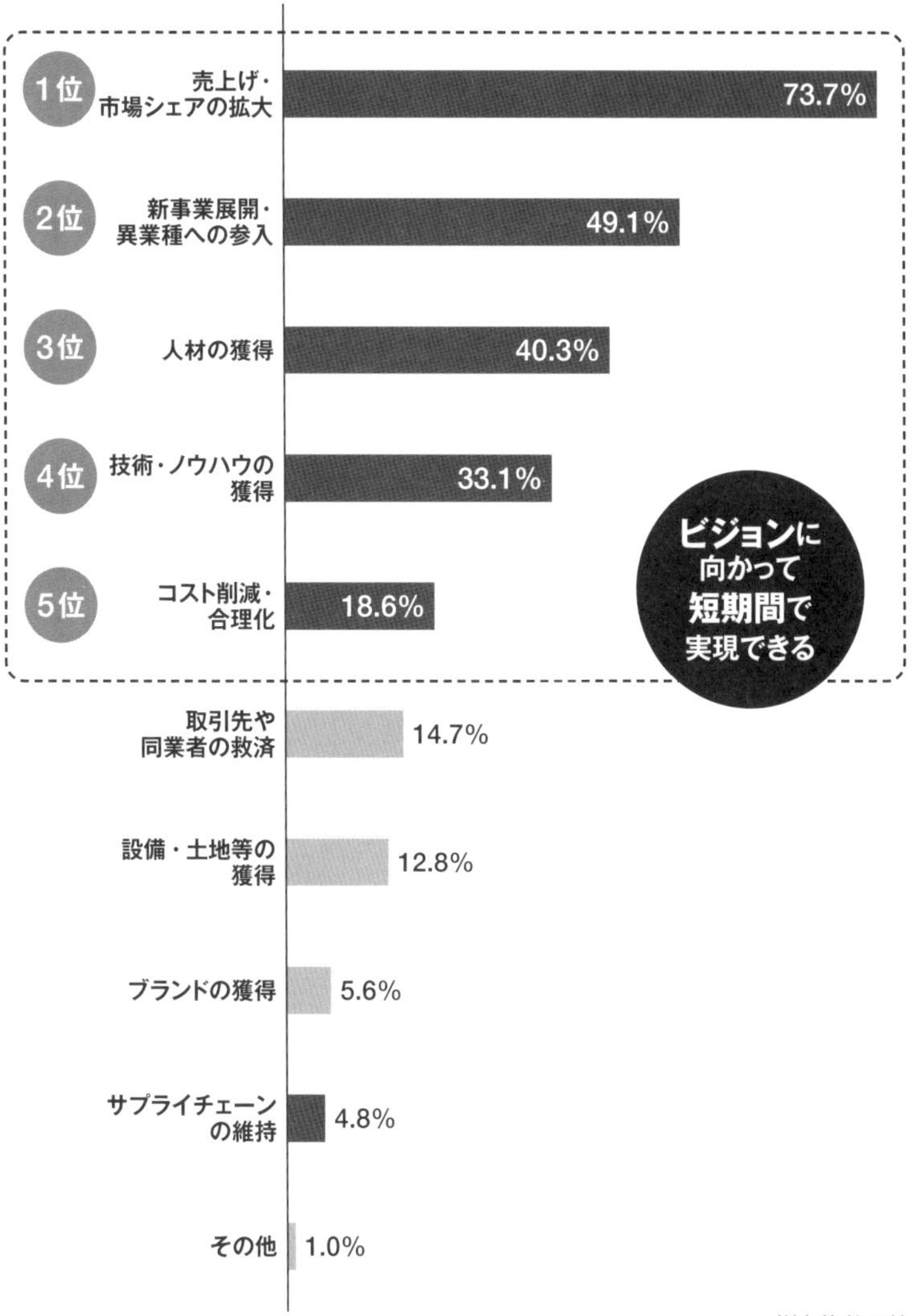

（注）複数回答
出所：2021年版『中小企業白書』（中小企業庁）

2 データからもひと目でわかる——実は買わないほうがリスクは大きい！

M&Aのメリットや目的はわかったという経営者でも、買うことによるリスクも大きいはずと考え、買収を躊躇する人も多いでしょう。事実、買い方や買った後の対応により、売り手側会社の従業員が離反したり、買い手側の従業員とうまく融合できないといった「人」にまつわる失敗は起こりえるものです。

あるいは、買収前のチェックや監査が甘く、買収後に思わぬ簿外債務（例えば売り手企業従業員の労災問題や売り手企業の一部資本の毀損等）が見つかり、想定外の減損処理を余儀なくされるといった失敗もありえます。

こうしたリスクは、努力と工夫次第で限りなく抑えることが可能です。一つは後述するように、場数を踏むこと。1回、2回と買収をしていくことで事前確認のポイントや買収後の統合作業の要諦などがつかめてくるのです。なお、仮に買収条件が折り合わず破談（ブレイク）した案件でも決してムダにはなりません。売り手の社長とトップ面談を行うことで、売り手側が望むものや望ましい交渉態度等について、実地での経験が糧《かて》になるからです。

あるいは、買収希望の手を挙げ続けることで、信頼のおける仲介会社と巡り合ったりDD（デューデリジェンス＝買収監査）などの専門業務を担ってくれる弁護士や司法書士、公認会計士、税理士、弁理士といった人たちと懇意になり、結果としてM&Aリテラシーが磨かれ、リスク回避につながることもあります。

買う、買わないは巡り合わせの側面もありますが、少なくとも「買いたい」という意思表示を行いそのための準備を進めることが、リスク軽減につながるのです。

買うリスクを上回る買わないリスク

決して脅すつもりはありませんが、買うことのリスクを上回るのが「買わないことによるリスク」です。25ページ図3のグラフが論より証拠で、売上げ、利益ともにM&A未実施の企業のほうが実施企業に比べて3年間全てで下回っていることがわかります。

「買ってもよさそうだが、リスクもありそうだ」

そのようにして逡巡している間に、M&Aを経験済みのライバル企業が横から売り手企業をかっさらっていく。結果、規模やブランド力で差をつけられたり、自社の業績が悪化したりします。

仮に近隣の同業企業が買わなくても、他エリアの同業企業が買いの手を挙げ、あっという間に成約にもち込むこともあります。

かつて、東京や大阪の企業が東北や中四国、九州といった地域の企業を買収する例が目立ちました。販路や事業エリアの拡大を図ってのものです。ところが、ここ最近は逆の傾向が目立ちます。優良な地方企業がM＆Aを積極的に活用して、都市部の企業を次々と買収しているのです。特に建設関連や陸運といった業界に顕著なのですが、理由は「仕事そのものや人が減っている・減っていく」地域から、仕事や商機を求めて都市部への進出を図っているのです。

今やライバルは同業や近隣の会社だけではない、と心得る必要があります。地方や異業種を含めて、日本中の会社がライバルです。買うことのリスクを恐れるあまり一歩を踏み出せない会社は、「買わないリスク」の重要性を噛み締めるべき時期といえるでしょう。

図３　Ｍ&Ａの実施有無による成長率の違い

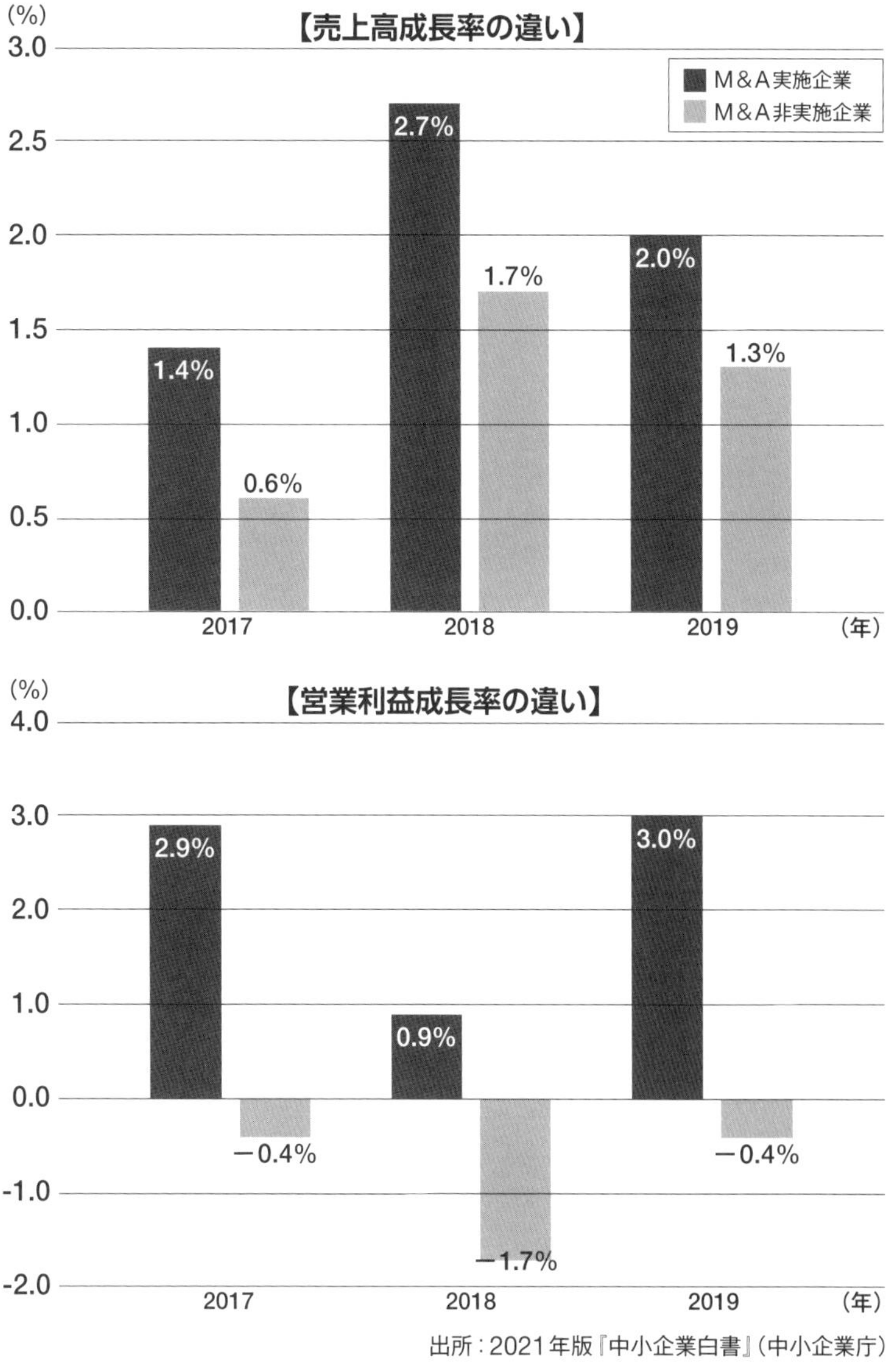

出所：2021年版『中小企業白書』（中小企業庁）

3 M&Aが成長戦略の柱になる!

前節で述べた「買わないリスク」について、より具体的な例を紹介しましょう。

次ページ図4のグラフは現在も株式上場中の実在の2社（共に人材派遣業）の比較です。A社は創業も株式上場もB社より古い老舗で、2001年の段階では売上高でB社の8倍以上の規模がありました。

しかし、19年後の2020年度においては、B社の売上げは軽くA社を上回り、実に4倍近い差をつけていることがわかります。この間、約20年の間にA社自身も売上げベースではおよそ1・5倍の成長を遂げてはいます。他方の後発のB社は、同じ期間に48倍近い成長を成し遂げ、A社を圧倒的に凌駕するまでに至ったのです。

この実在する両社の明暗を分けたのが、まさにM&Aの活用でした。A社はいわゆる「オーガニック路線」という自社単独での成長を図るスタイルで事業継続と成長を続けてきました。他方のB社は2008年度から「M&A活用路線」に舵を切り、その成果が2015

図4　M&Aを実施しないリスクの例

	A社	B社
設立／上場	1974年／1987年	1997年／2004年
売上高	966億円	3,667億円
従業員数	11,010人	93,028人

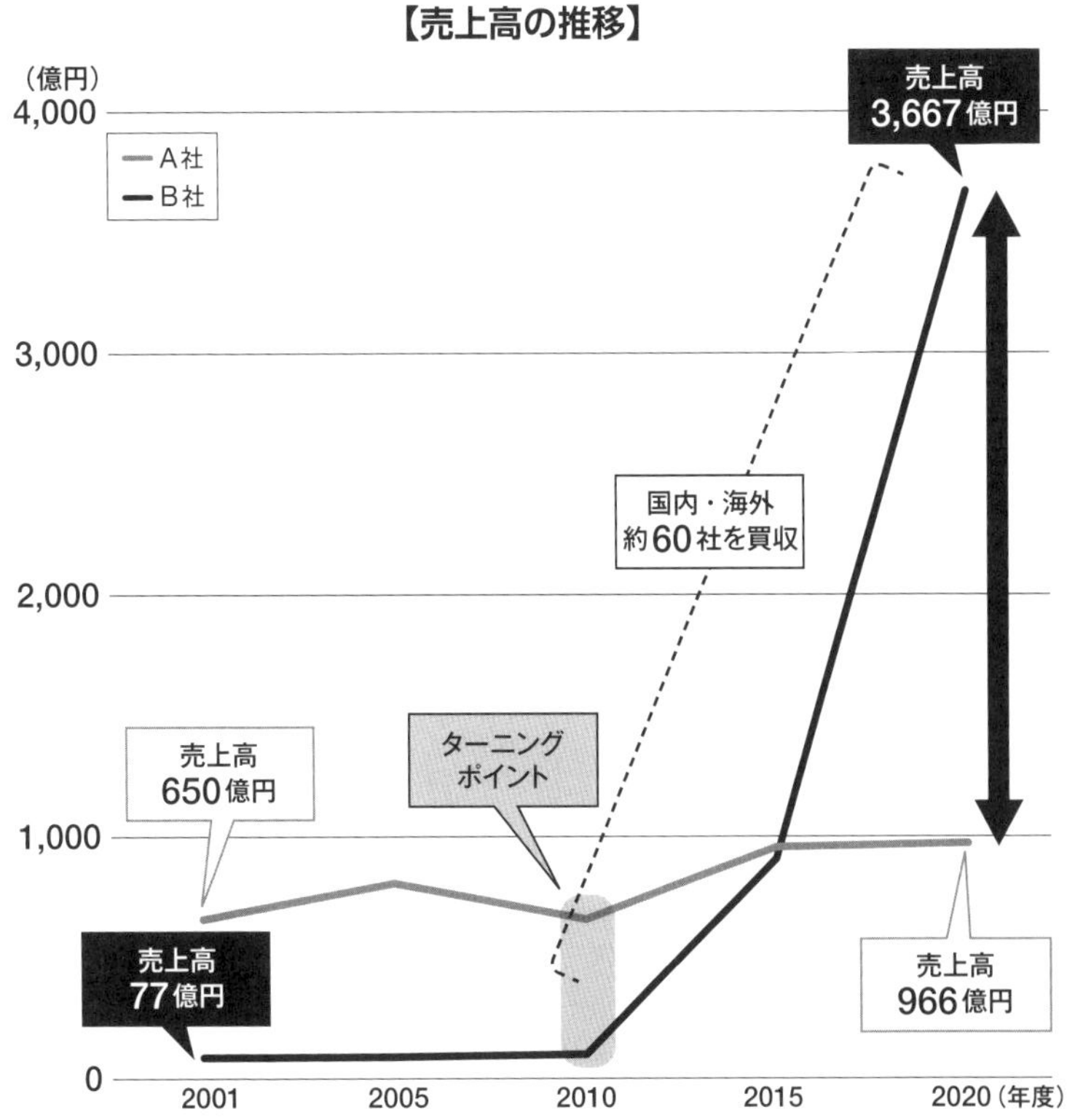

年度から花開き大きく飛躍したというわけです。

ターニングポイントとなったのが２００８～２０１０年の3年でした。ちょうどサブプライムローン問題からリーマンショックが起こり、米国発の恐慌が世界に広がった時期です。そうした時期にＢ社は国内外で60もの会社を買収。元々、多数の会社が乱立し得意不得意の分野がはっきりとしていた業界内にあって、より多く広く派遣先企業をもつことになり、同業の多くの会社をリードすることができるようになったというわけです。

オーガニック路線そのものが悪いわけではない

Ｂ社の飛躍がすさまじいために、Ａ社の成長過程がかすんで見えるという事情もありますが、既に６５０億円あった売上げを約20年で１・５倍に押し上げたＡ社も、業界内では優等生でしょう。

しかし、別の想像もまた可能ではないでしょうか？

Ｂ社が盛んに買収に励んでいた時期に、その一部でもＡ社が買収していたら、結果はこれほどまでの大差にならずに済んだかもしれません。規模やブランド力が元々優位だったことを踏まえれば、買収戦略次第では、今でもＢ社を上回ることができたかもしれないのです。

オーガニック路線による成長にこだわること、それ自体悪ではありません。特殊な製品や商売方法を売りにする会社で、他社を買収したところでその人材や資本を活用しがたいといったケースも存在するでしょう。

とはいえ、生き残りをかけた競争の激しい時代には、「自社単独で安定成長をし続けられる」と高をくくってもいられません。近年の調剤薬局やドラッグストア業界の合従連衡劇や以前の百貨店業界の大再編（今後も再編が起こりそうな気配がある）、さらには自動車のＥＶ化を契機とする部品メーカーの統廃合の動き……。

好むと好まざるとにかかわらず、自社の位置する業界に大きな再編等が起こるとき、極論すれば全ての会社がＭ＆Ａの対象になり得るのです。それは、この先の成長分野と目される環境やリサイクルといった業界でも当てはまるかもしれません。

オーガニック路線で安住を決め込めるのは、成熟し切った競争の少ない業界に生きる一部の企業だけかもしれません。自社が他社を買うつもりはなくても、他社から会社を売ってほしい、一緒になってほしいと迫られることもあります。

これからの時代、事業継続と成長のための方法論としてＭ＆Ａをとらえることと、日頃からＭ＆Ａのための知見や人脈を広げておくことは必須だといえるでしょう。

4

なぜ買うかビジョンを明確にし、一度の買収で全てを満たそうと考えない

M&Aの活用を視野に入れるとき、何をおいてもビジョンがなければなりません。いつまでに売上げを100億円にする、今は東京都だけの販路を今後7年で東日本全体に広げる、現状は業界4位の自社製品を10年後までに業界トップに押し上げる……。

こうした時期や金額、シェア何位といった具体的な数値を伴うビジョンを策定し、その達成に貢献しそうな売り案件があるなら、躊躇せず買いの手を挙げるというのが理想です。

というのも、自社の成長につながりそうな売り案件はいつ、どこから出てくるかわかりません。そのうえ、優良案件ほどライバルの買い手企業も多いことから、買いの手をいつでも挙げられる準備をしておく必要があるのです。

よくある失敗が、自社が望む要素を全部で10とした時、「この売り案件では7か8しか満たせないから」と逡巡することです。せっかくの好機なのに、もたもたしている間にライバルに出し抜かれて「買わないリスク」を負ってしまうのです。

実は「（ビジョン達成のために）欲しい10の要素の内、７か８を満たす売り案件」などそうそうはないと心得ておくべきです。仮に求める要素が1か2でも、買いの意思表示をして、相手と会ってみる。話し合いをしてみる。そうした姿勢も重要です。

M&Aによる企業買収は、ジグソーパズルを埋めていく作業に似ています。一度（1社）の買収で3、4個などのパズルが埋まる場合もあれば、次の買収では1個しか埋まらないこともある。そうした作業を繰り返してリピートしていくうちに、設定したビジョンが達成され、また新たなビジョンが見えてきたりするのです。

もちろん、制作中の絵に合わないパズルを無理やりはめる必要はありません。ただし、ビジョン遂行のために必要とする要素をもっていて、かつその会社単独でよいと評価できる会社なら、迷わず積極的に検討すべきです。経営者や従業員、財務内容等がしっかりしている会社なら、時間をかけて自社のビジョンや文化に寄せていくことで、シナジー効果を高めていくことが期待できます。

要は「一度の買収で全てを満たそう」などと簡単に考えないことです。東京から東日本全体に販路や拠点を広げたいのなら、北海道と東北6県の案件で1件、北関東エリアで1件、一都三県で1件、信越で1件、静岡県単独で1件、このように都合5案件を数カ月〜1年程度のタームで繰り返すことで、5年前後でビジョンが達成できるのです。もちろん、それに見合う資金力や金融機関から融資を引き出すための工夫も必要です。

時間を買えるのがM&Aの醍醐味。成長スピードを速める

言い換えれば、M&Aの最大のメリットとは、自社単独ではとてつもなく時間のかかるビジョン達成を、他社の力を借りることでより早期に実現できることです。つまり、お金で時間を買うという発想です。

次ページの図5に3度の買収で100億円の売上げというビジョンを達成するイメージを記しました。図では、1回目のM&A実施までの自社単独での成長度合いを右肩上がりにしましたが、成長が頭打ちになり上昇がゆるやかになっているような企業では、なおさらM&Aで時間を買うことが肝要になります。

いずれにせよ3回の買収は、ホップ・ステップ・ジャンプのようなもの。自社単独では成し遂げられなかったはずのビジョンを、3社の協力を得ることで早期に実現できたというわけです。

図5　M&A戦略には柔軟性（多様な選択肢）を

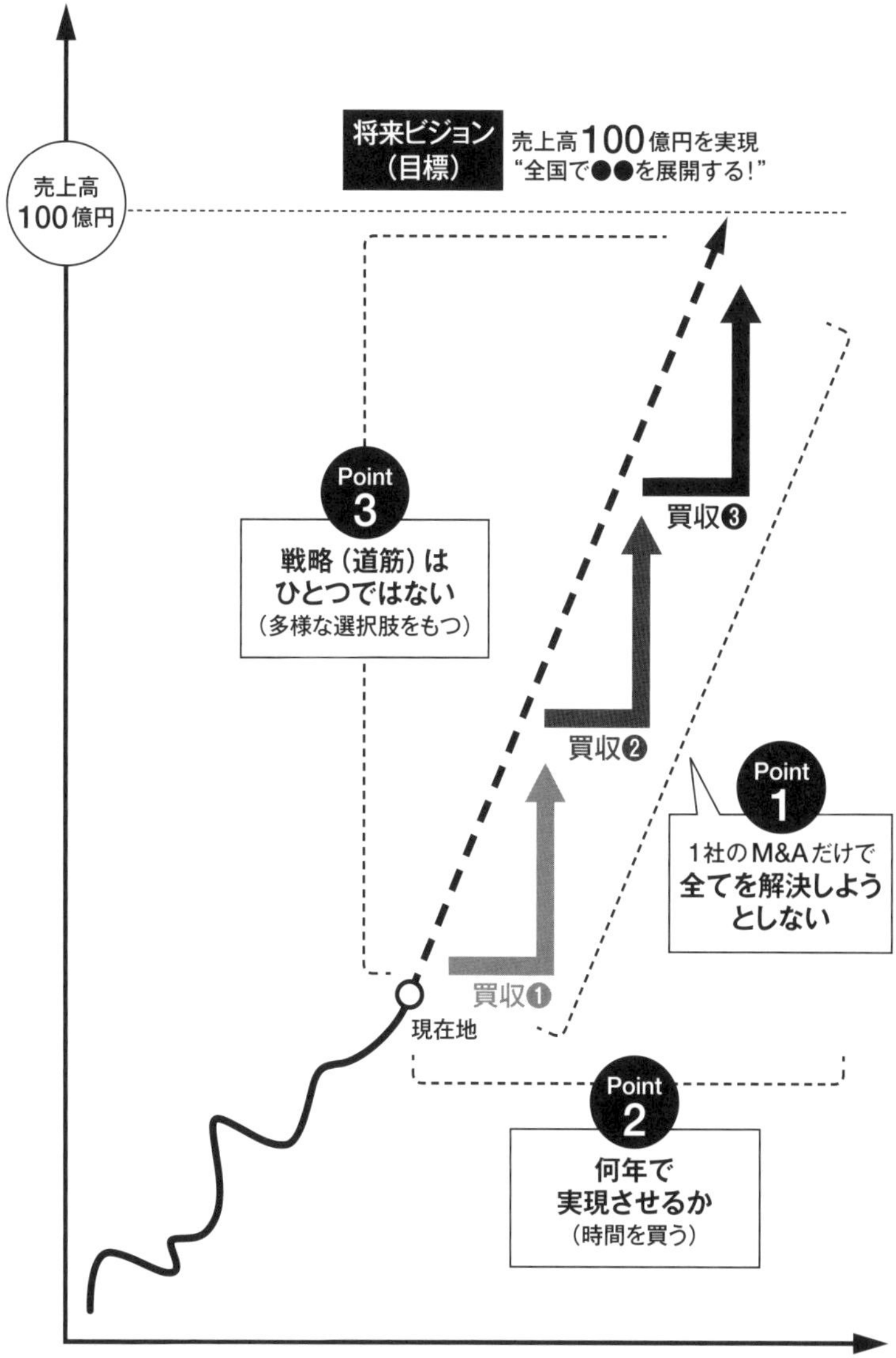

M&A事例

「バリューチェーン」型M&A 「異業種進出」型M&A

地域や業種の垣根を越え、M&Aで成長目標を現実化

印刷業、製造業

ARC株式会社

M&A実績：4社

ARCは、愛知県の稲沢市に本社を置くシール印刷に強みをもつ企業です。北海道から九州まで、全国の主要な10都市に営業所があります。2022年現在、200名を超える従業員を擁し、年商ではグループ全体で90億円に達しました。

DATA

創業：1963年 本社：愛知県稲沢市 代表取締役社長：井川敏隆
従業員数：209名 資本金：8000万円 年商：約90億円
事業内容：プライスラベル、計量プリンターラベル、バーコードプリンターラベル、ポップシール、オリジナルシール、レジスター用ロールペーパー、包装機、ハンドラベラー、バーコードプリンター、磁気記録駐車券、園芸用ラベル、挿し札などの開発・製造・販売

主に食品小売りの現場で用いられるPOPシール（「ひな祭り」、「新じゃが使用」といったパック済み食品に貼るシールなど）、成分表示用のシール、プリンターラベル、プライスラベルなどの分野で高いシェアを誇ります。また、青果や精肉、鮮魚を包装するハンドラッパーという機器の販売、ほかでは園芸店に向けて植物や苗、花木を美しく演出する化粧ラベル、フラワーラベルの印刷なども行っています。

10年間で売上げを倍増したいという目標に向けて

同社の創業は、前身の会社「旭記録紙製造所」が立ち上げられた1963年にさかのぼります。現在、3代目となる代表取締役社長の井川敏隆さんは、2015年ごろ、年商が50億円ほどだった時期に、「10年で倍の100億円まで売上げを増やす」という成長目標を立てました。

当時のARCは、食品業界向けのニッチな分野で強みをもっていたことと営業力の強さもあり注文は取れていたのですが、工場の製造能力や人材が足りず、全てを受けることができない状況でした。出版不況やペーパーレス化が進み、印刷業界全体は縮小傾向でしたが、ニッチな分野の印刷に特化していた同社にとって業界の停滞は当てはまらなかったのです。

手にあまるほどの受注があるのはうれしい悲鳴ですが、生産能力が追いつかないという現状のままでは頭打ちになってしまいます。井川社長は、先代や先々代が蓄積してくれた豊富な剰余金などを武器に、「同業とその周辺業界をM&Aなどで強化し、成長を図る」という路線に舵を切ったのでした。

井川社長と当社が出会ったのは、10年で売上げ倍増という目標を掲げた約1年後のことでした。

およそ5年の間に4件の案件を仲介。全て成約に至り、いずれも同社の成長に寄与しています。

一度のM&Aで全てを満たさない。連続買収で成長を加速

同社は、売上げ倍増という成長目標のためにM&Aをうまく活用できているお手本のような会社です。その4件の案件について、順を追ってご説明します。

最初にM&Aをした会社は、神奈川県内にあった同業の会社（年商2億円）です。先にも触れたように、当時のARCは、注文は取れるのに製造が追いつかない状況でした。そこで、本業強化のため印刷工場と人材を有している会社を買収したのです。

続いてM&Aを行ったのは、印刷機器を仕入れ、ネットでEコマースも行う会社（年商15億円）でした。当時、シール印刷の業界は受発注がファクスで行われるような旧態依然とし

た体制が主流だったのですが、ARCは「今後は次第にECの分野も伸びるはず」と考え、また売り手の会社のITスキルの高さにも魅力を感じ、M&Aを実行したのです。この2件目のM&Aは、次章で6類型化するM&Aの目的でいえば、本業の上流を強化する「バリューチェーン」型M&A、もしくは一つの事業に偏ることで生じるリスクヘッジのための「異業種進出」型M&Aにあたります。

3件目は最初と同様、東京の同業の会社（年商1億円）で、最後の4件目は、名古屋市近郊の食品パッケージを印刷する会社（年商12億円）を買収しました。

一つのM&Aがさらなる成長戦略や買収ニーズにつながる

1、3件目の同業の買収によって、注文をさばき切れなかった同社の製造能力は大きく向上。地域や販路も拡大していきました。

また、2件目のM&Aのおかげで、近隣業種、EC市場へ参入することに成功。ARC自体の業務をIT化することにも貢献し、本業の効率アップというシナジー効果が生じました。

業種や地域の垣根を越えたこうしたM&Aの繰り返しによって、かねてから課題に感じていた「食品パッケージという『入れもの』ごと印刷する能力をもちたい」という希望についても、M&Aで解決できるのではないか、と同社では考えるようになりました。3件のM&Aで、シナジー効果と「時間を買う」というメリットを実際に得られたからです。

こうして踏み切ったのが、最後の4件目の食品パッケージ印刷会社のM&Aだったというわけです。

買収を繰り返すなかで、新たな気づきが芽生えることもあります。あるいは「こうありたいが、現状では高望みだな」といった理想が、何度かのM&Aで成長を加速するなかで現実的なものとなっていくこともあります。

売上50億円だった同社は5年弱の間に、4社（年商計30億円）を傘下に収めました。そのシナジーもあり、先述のように年商は90億円を突破。目標だった100億円達成も、現実のものとして視野に入ってきています。

第2章

目的別
企業の成長戦略に
不可欠なM&Aの6類型

目的別のM&A6類型とは？

この章では、目的別に見たM＆Aのタイプを6つの類型に分けて紹介していきます。

私たちが行ったこの6類型は絶対的な基準というわけではなく、よりシンプルなものや、より細かな分け方をする場合もあり、あくまで、一つの目安として捉えていただければと思います。また、例えば一番目のバリューチェーン型M＆Aに分類される案件でも、ほかの目的として人材獲得戦略型の要素を含むといったケースもよくあります。つまり、一つのM＆A案件が、ここで取り上げる6つのうちの複数に該当することもあるというわけです。

既に述べてきたように、一度のM＆Aで自社のビジョンを全て満たすというのは困難です。そのため、次ページ図6の6類型を参考に、「まずはバリューチェーンの強化が優先だ」、あるいは「同業種を買収して規模拡大を」など、優先順位を決めておくこともよいでしょう。

さらに言えば、例えばバリューチェーンのなかでも川上（製造側）と川下（販売側）のど

図6　シナジー効果が高まるM&Aの6類型

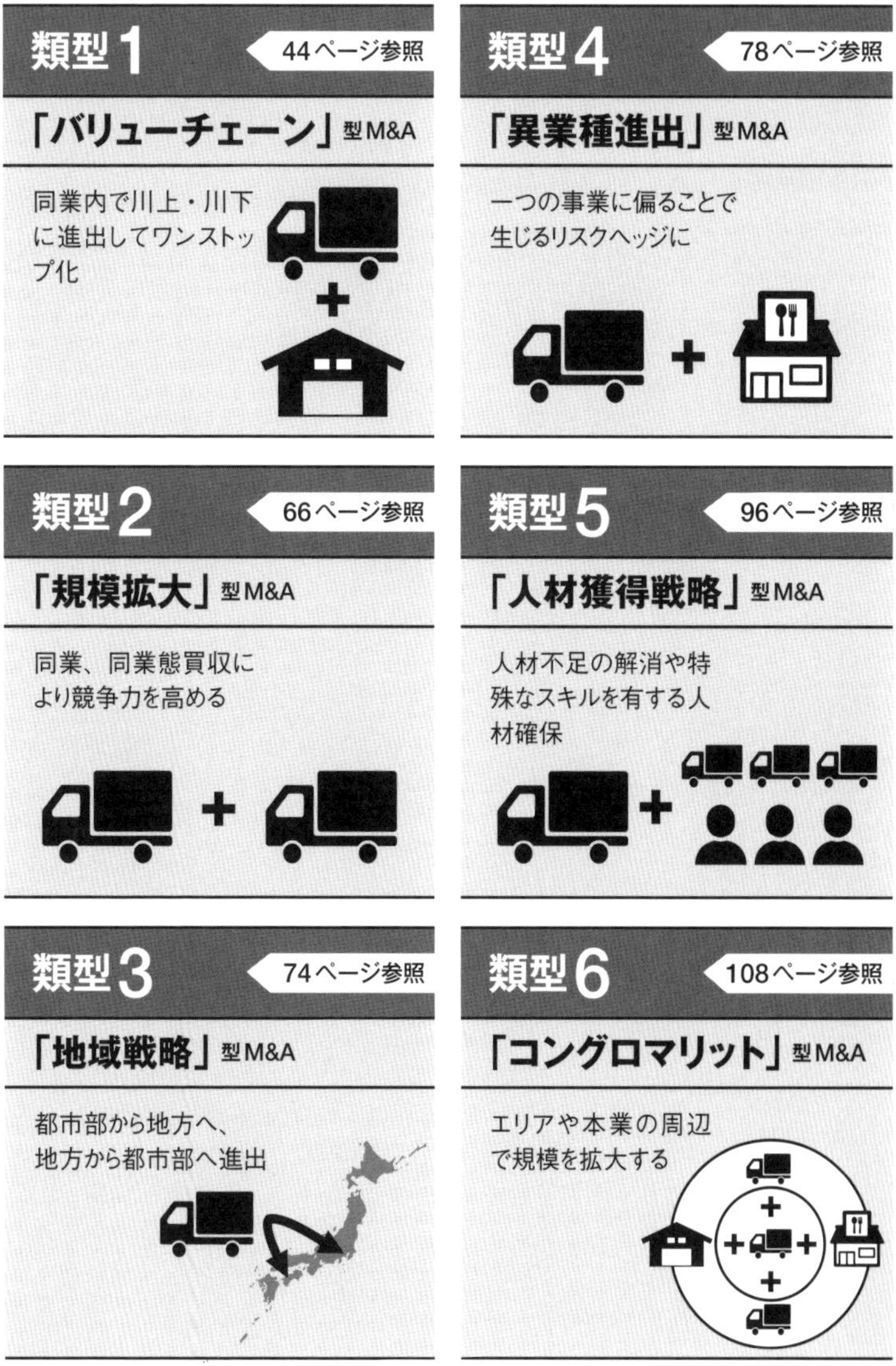
類型1
44ページ参照
「バリューチェーン」型M&A
同業内で川上・川下に進出してワンストップ化
類型2
66ページ参照
「規模拡大」型M&A
同業、同業態買収により競争力を高める
類型3
74ページ参照
「地域戦略」型M&A
都市部から地方へ、地方から都市部へ進出
類型4
78ページ参照
「異業種進出」型M&A
一つの事業に偏ることで生じるリスクヘッジに
類型5
96ページ参照
「人材獲得戦略」型M&A
人材不足の解消や特殊なスキルを有する人材確保
類型6
108ページ参照
「コングロマリット」型M&A
エリアや本業の周辺で規模を拡大する

ちらを優先するかといった方向性も定めておくのが理想です。そして、ニーズを100%満たす売り案件ではなくてもおおむねイメージに合うよい案件があれば、トップ面談をし、検討してみる。こうしたことの繰り返しが、M&Aの実現に近づく秘訣です。

また、1、2回のM&Aでバリューチェーンの強化を成し遂げた後に、「次は販売エリアの拡張」や「専門人材の拡充」といった、別の目的がクローズアップされてくることもあります。

以下、6類型を紹介しますが概論は最低限にとどめて、各類型の末尾に複数社の実例を掲載します。買い手企業や売り手企業の意向、生の声から、M&Aの実際を知ってもらえればと思います。

実例は読者の皆様の会社と業種や地域が近い例も多いはずですので、ご参考になさってください。

類型1

「バリューチェーン」型M&A
同業内で川上・川下に進出してワンストップ化

かつては、多くの業種のなかで商社、大卸、仲卸、小売りといった流通のサイクルが存在したものです。しかし、現在ではこうした図式は崩壊しつつあり、ファーストリテイリングに代表される製造販売（製販一体化）や、小売チェーンによるプライベート商品開発、あるいは小売店が鮮魚を販売するにも、卸や商社を通さず漁船と直接契約し、一艘《いっそう》買いを行うといったことが珍しくなくなってきました。

このように業界や事業エリアを問わず、自社の「川上」「川下」に目を向け、バリューチェーンを強化しようという動きが盛んです。

バリューチェーンとは、サプライチェーンよりもやや広めの概念を指す言葉です。自社の主要な仕入れ先や配送元、そして販売先といった特定のサプライチェーンの枠を超えて、将来において仕入れ先となる候補、また新たな販路開拓のための販売店や販売網の構築といったことまで視野に入れたものがバリューチェーンです。

バリューチェーンは、自社の立ち位置から見て上流側の川上と下流側の川下に分かれます。例えば、金属部品を製造するメーカーなら、原材料や金型を作る会社が川上にあたり、その金属部品を使って最終製品を作り、販売を行う会社が川下ということになります。

安定仕入れ、部材調達が大切な時代

川上の会社を買収する効果は、言うまでもなく仕入れコストの低減や、品質の向上、納期の安定化です。

コロナ禍による世界的な物流停滞、人材不足、中国各都市のロックダウンに加えてロシアとウクライナの戦争で、多くの業界で、入ってくるはずの物が入ってこないという状況に陥りました。それら海外諸国がからむ安全保障上の問題とは別に、国内でも異常気象によって農産物や水産物の供給が不安定になったり、物価高で仕入れが困難になったりしています。

こうした時代にあっては、仕入れコストの低減はもとより、「安定的に」原材料や製品を納入してくれる仕入れ先の確保が肝要です。その意味で、業種を問わずバリューチェーンの川上側を意識したＭ＆Ａの必要性が増していくでしょう。

川下の会社を買収する意義は、販路の開拓や拡張です。

これまで問屋や小売店に直接卸していた製品を、自社で直接販売することで利益率は高まります。加えて、最終消費者との接点ができることで、顧客の生の声を集め、そうした声を既存商品の強化や新商品開発に活かすこともできるでしょう。

例えば食品を製造して卸していた会社なら、小売りの地場スーパーマーケットを買収する。さらに、自社食品を活かせるレストランチェーンも買収する、といったストーリーが考えられます。

一本の川に見立てた業界内で、自社が位置するのはどのあたりか？　そして川上と川下にはどういう会社があるか、日頃から目を向けておきたいものです。もちろん、川（業界）自体の将来性や現状把握も欠かすことはできません。

図７　バリューチェーンに沿った買収戦略

選択肢を狭めずに、広く検討することが重要

隣接するバリューチェーンに進出し、**新たなビジネスモデル**を構築する

事業規模の拡大とコスト低減を同時に図り、**変化に強い会社**にする

■バリューチェーン（例：製造業）

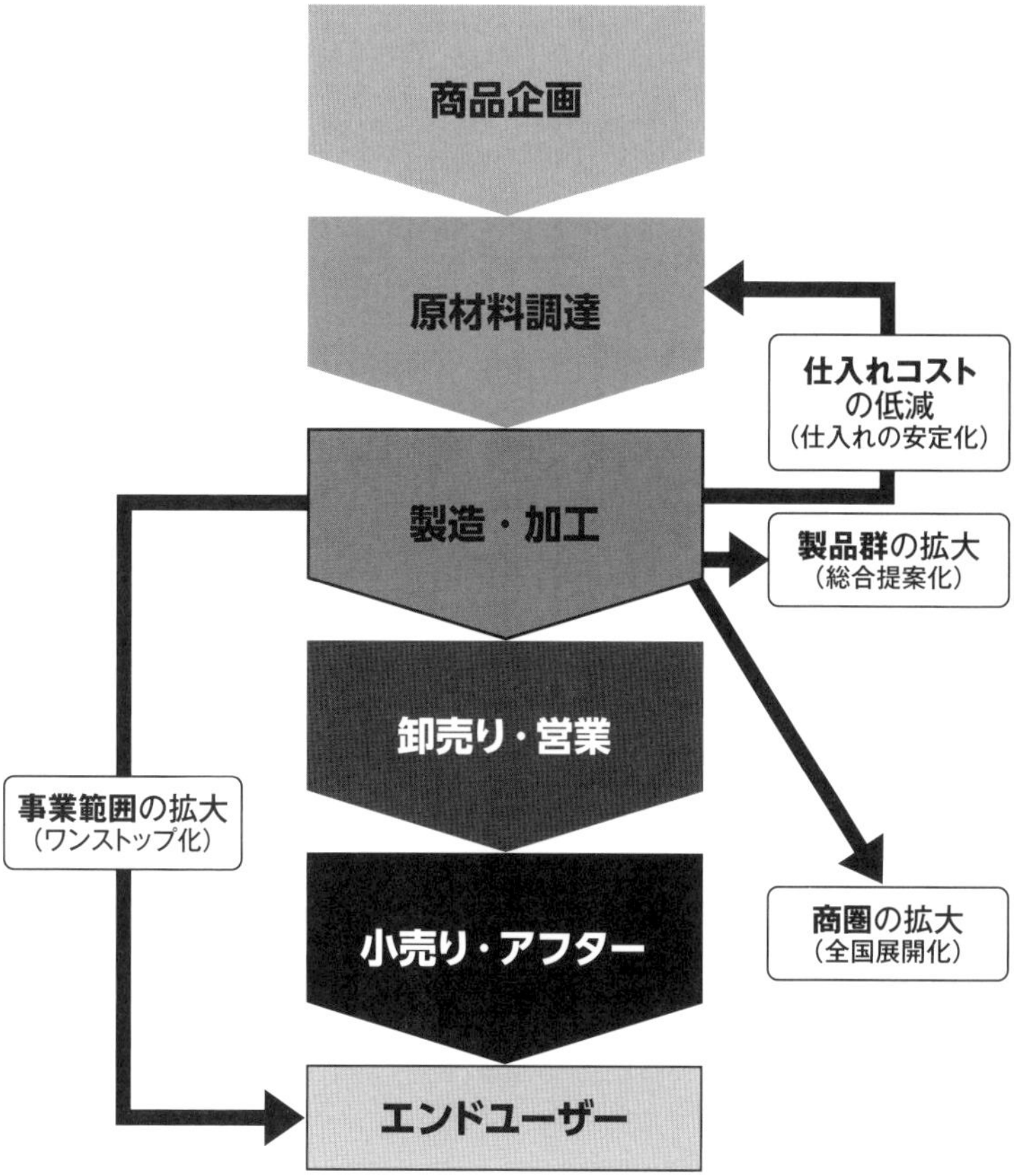

M&A事例

「バリューチェーン」型M&A 「人材獲得戦略」型M&A

ニッチトップを買収し、生き残りと成長を図る!

DATA
創業:1919年 本社:大阪府藤井寺市 代表取締役社長:前田政利
従業員数:191名(パート・アルバイト含む)
資本金:6300万円 年商:約80億円
事業内容:合成樹脂製品製造販売、硬質ポリウレタン発泡品製造販売、ポンプ製造販売、プラスチック家庭用品製造販売

製造業
多田プラスチック工業株式会社
M&A実績:3社

第一次世界大戦が終了しベルサイユ講和条約が結ばれた1919(大正8)年、多田プラスチック工業は創業しました。大阪府を本拠に、第二次世界大戦後には、世の中に先駆けてプラスチックの「射出成形」に取り組んできた会社です。

現在の年商はおよそ80億円。プラスチックの精密成形・加工に加えて、マイクロポンプの製造開発、ポリウレタン発泡成形、設計、金型、組み立てなどの分野にも強い技術力をもちます。

近年の同社の主力製品としては、大手コンビニエンスストアの店頭に設置されたコーヒーやラテ飲料のドリップマシンに用いられている小型ポンプが挙げられます。現在、国内の大手コンビニに設置されているドリップマシンに同社の製品が用いられているのです。

こうした技術の数々で、創業以来、優良な中小企業に贈られる通商産業大臣賞（現経済産業大臣賞）など計12回の表彰経験を誇ります。また、20件の特許と実用新案のほか、意匠と商標の登録数は29件に上ります。

なお、日本国内のみで見た場合、同社の80億円という年商規模は、メーカーとしては大きい部類に属します。とはいえ、自社の力だけで十分に存立していけるかというと、そうでもない事情がありました。

海外勢に対抗するには、優れた技術を買っていくしかない

戦後すぐといった時代はともかく、グローバル化が進む現在では、主力のプラスチック製品は中国をはじめとする海外勢との価格競争にさらされます。品質のよいものが廉価で、東

アジアや東南アジアから大量に流れ込んでくる。そうした流れに対抗するには、規模をとてつもなく大きくするか、あるいは海外勢に真似ができないより高品質の商品を開発・製造していくしかありません。同社が選んだのは、後者のスタンスであり、そのための手段がM&Aだったのです。

もう一つの理由として、近年の「脱プラ」の動きがあります。地球温暖化やマイクロプラスチックによる海洋汚染などに対する環境対応が世界中で叫ばれる時代にあっては、プラスチックという素材そのものや関連産業が先細りになるかもしれないと同社では感じていました。

薄利多売のプラスチック製品を量産するだけでは生き残れない。どのような時代にも必要で求められる高付加価値製品を加工製造する技術がなければ、先は安泰ではないだろう——このような思いがM&Aに踏み切る背景にあったのです。

3社を買収し、ニッチトップの技術を手に入れる

同社はこれまでに都合3件のM&Aを実施。当社では、そのうちの2件を仲介しました。いずれも、プラスチックをはじめとする製造業の周辺を強化するバリューチェーン型のM&Aです。

当社が仲介して最初に買収したのは、医療分野（市場）へマイクロポンプを核としたユニット・モジュールで、医療や介護の現場で用いられる喀痰吸引器といった救命系医療の分野に強みをもつ会社です。

次に同社が買収したのは、バリューチェーンでいうと上流側に位置する製造業の企業でした。様々な業種の製品の試作品を製造し、企業に提供する能力にも長けた会社でした。

上流側の会社をグループ化したことで、同社自身も量産情報をいち早く入手、獲得することができ、社業全般にシナジー効果が及んだ例です。

多田プラスチック工業の代表取締役社長の前田政利さんは、当社コンサルタントと接するとき、「ニッチで優れた技術をもっている会社はありませんか」とおっしゃいます。自社にない強みをもつバリューチェーンの周辺企業で、優良な会社を買収していきたいという意欲をおもちです。そういう観点からは、同社の3件のM＆Aは、いずれもビジョンに沿ったよい内容のM＆Aであったといえるでしょう。

さらに言えば、一度のM＆Aで全てが満たされるわけではない、という第1章で述べた要点とも符合しています。よい案件を求め続けたことと、複数回のM＆Aを実体験することで、経験値だけでなく買収によるシナジー効果を高めていった例です。

海外子会社も一緒についてきた！

実は、当社仲介によるこの2件目のM＆Aでは、売り手企業がベトナムに子会社をもっていました。つまり、ベトナムの製造業企業も買収したことになったのです。

これにより、日本よりずっと低い人件費で製造できる現地工場と、ベトナム国内に大量にいる働き盛りの労働者を労せずして手に入れることができました。

海外の会社を買収するM＆Aについては、第5章で詳述しますが、多田プラスチック工業が行ったような、「既に海外子会社をもっている会社を買収する」という手法も有効な手段の一つです。

なぜなら、海外の優良な会社の調査発掘やグループ化に向けた交渉、現地法制度などの調査確認といった手間のかかる作業（仲介会社などが実務を行いますが）を省けるからです。

ニッチトップの会社を買うなどして技術力を高めてきた多田プラスチック工業としても、少子化による人材不足の波には逆らえません。グローバルマーケットを視野に入れた海外製造拠点を手にすることができた最後のM＆Aは、グローバル戦略としての側面もあったといえるでしょう。

M&A事例

「バリューチェーン」型M&A

戦略に合致しなくなった事業を売却。M&Aで選択と集中を実現

製造業

株式会社JRC

M&A実績：4社

DATA
創業：1961年　本社：大阪府大阪市　代表取締役社長：浜口 稔
従業員数：290名（パート・アルバイト含む）
資本金：8000万円　年商：約75億円
事業内容：コンベヤ部品の設計・製造・販売、ロボットを活用した自動設備などの設計・製造・販売

大阪市にあるJRCは、ベルトコンベヤ部品の製造や現場の課題解決など、ベルトコンベヤ周りのトータルソリューションに強みをもつ会社です。製鉄や製紙、製糖、アスファルト製造、セメント・生コン製造などを行う顧客企業に向けて、製造ラインのコンベヤ向け標準

品や、安全性や作業効率を高める高機能品を開発・提供してきました。

顧客の会社は、コンベヤからの搬送物の荷こぼれやベルトの蛇行修正、またローラなどへの搬送物の付着軽減、ローラ表面の摩耗による交換回数の低減化など、様々なメリットを享受しています。

同社の前身は、1961年に創業した浜口商店という町工場です。以降、事業の進展に合わせて兵庫県、北海道、福岡県などに独自に進出し生産拠点となる現地工場などを立ち上げてきました。その間、1981年には鹿児島県の同業他社の工場を買収。自社の鹿児島工場として製品の増産を図るなど、早くから「成長のための買収」に積極的でした。

昭和から平成に元号が変わった1989年には日本初の「ローラ自動組立ライン」を淡路工場に導入。製品の均一化や増産態勢を実現しました。

また2001年には中国の遼寧省に合弁会社を設立、さらに2006年には江蘇省にも進出し、13年には遼寧省瀋陽に工場を設立するなど海外進出も果たしてきました。

さらなる成長のためバリューチェーンを拡大

町工場から業界のトップランナーへというサクセスストーリーを実現してきた同社ですが、さらなる成長やソリューション能力の強化のため、近年もM&Aに積極的です。当社では、計4回のM&Aを仲介してきました。うち3回は、バリューチェーン強化のための買収で、1回は事業の選択と集中を強化するための売却です。順を追ってご紹介します。

1社目のM&Aは、ベルトコンベヤの加工およびメンテナンスを行うメーカーの買収でした。JRC自体は製造業の会社であり、ベルトコンベヤの部品を製造し提供することには強みを有しているものの、それらの部品を使った最終製品としての搬送設備全体を一から作り上げる会社ではありません。

このM&Aを行うことで、これまでJRC単独では困難であった同社製造の部品を組み込んだ搬送設備全体の設計・製造・据付といった上流部分を内製化できるようになりました。

2社目のM&Aでは、選択と集中を企図。JRCがもっていたマテハン（マテリアル・ハンドリング）の会社を売却し、屋外用の大型コンベヤに特化することが目的です。

同社では、かつて付き合いのあった銀行からの紹介でマテハン会社を譲り受け、保有していたのですが、思い切って売却することで大型コンベヤに特化する戦略へとつなげていったのです。

本書は、M&Aの買い手を後押しするための指南書です。しかし、単に買うことだけを推奨しているわけではありません。「買い一辺倒」ではなく、企業戦略の変化とともに戦略に合致しない事業は切り離して効率化するという同社の姿勢には、学ぶべきところがあるといえるでしょう。

続く3社目のM&Aは、周辺もしくはやや下流側にあたるメーカーの買収です。元々同社の主力部品であった「プーリ」という部品の表面にゴムをライニング（被覆）する加工ができるようになることで、自社の商品力を強化しようという目的から、そうした技術に長けた会社を買ったのです。

私たちが関わった最後の4社目は、ロボット（産業用）技術に強みをもつ会社の買収です。同社が今後、展開しようとしていたロボット領域での技術力強化の目的で買収に踏み切りました。この最後のM&Aは、上流の製造工程にも、また顧客により近いソリューションの分野にも資する買収といえそうです。

スピード感と変化への対応力

ご紹介した4回のM&Aは、3～4年の間に行われたものです。意思決定の早いオーナー企業だからこそ可能だったという面はあるものの、近頃は、大企業や上場企業でさえも、一年に複数回など短期間に繰り返しM&Aを実施するのが珍しくありません。

これと思うよい案件に巡り合うチャンスはそうそうないかもしれないし、逆に立て続けにやってくることもあります。日頃からアンテナを張り、感度を高めておく必要があります。

また、よい案件に巡り合った時にはすぐに行動に移せるように、買収資金や資金調達計画も練っておく必要があります。

そういう意味で、このＪＲＣの事例は学ぶべきところが多いでしょう。当社仲介による2社目の売却代金は、選択と集中のためだけでなく、3、4社目の買収資金としても活用されたからです。

「大型ベルトコンベヤの世界でトップランナーになる。そのためにはＭ＆Ａも駆使しながらバリューチェーンを広げ、選択と集中を貪欲に進める」

同社のＭ＆Ａの背景には、こうしたストーリーが一貫して流れています。第1章でも述べた「まずビジョンありき」という観点から、同社のＭ＆Ａはお手本的なものともいえます。

M&A事例

「バリューチェーン」型M&A
将来の上場を見据えてバリューチェーン強化に励む

製造業

オージックグループ株式会社

M&A実績：8社

DATA

創業：1961年　本社：大阪府東大阪市　代表取締役社長：田中文彦

従業員数：42名（グループ全体580名）

資本金：1000万円　年商：約61億円（グループ連結）

事業内容：精密歯車、ボールねじの製造、自動車および機械用金属配管部品の製造、一般産業機械部品の加工、精密金属部品加工、各種工作機械などの部品加工など

大阪府の東大阪市を本拠に、工作機械業界の精密ギア製造に強みをもつ事業会社を中心に、自動車産業や通信機器、その他精密加工分野に強みをもつ各事業会社を統制しているのがオージックグループです。2021年6月期の決算短信では、グループ全体の売上げ（連

結ベース）がおよそ36億円。22年6月期の通期では、約47億円の売上げとなっています。

同グループは、これまで8社をグループに迎えるＭ＆Ａを行ってきました。そのうちの1社が、当社で仲介した案件です。同じ大阪府内の近隣の市で事業を行っていた産業機械の部品加工に強みをもつ会社を傘下に収めたもので、売り手となった会社は後継者が不在で社長も病気がちという事情がありました。

いわゆるバリューチェーン強化型のＭ＆Ａとはいえ、試作を得意とするグループ会社とのシナジー効果が見込めることと、工作機械用精密ギアを加工する工程を強化できるとして、Ｍ＆Ａを行いました。

東京プロマーケットへの上場を果たす

21年、同グループは東証などで構成される日本取引所グループへの株式上場を果たしました。東京プロマーケットという、一般市場よりも柔軟な〝上場基準・制度設計〟で上場可能でありながら内部統制や管理面を強化でき、かつ、上場企業としてのメリットを享受しながら早期に上位市場へステップアップできる市場です。同年6月末には、田中文彦代表取締役社長などが出席し、東証内で打鐘会が執り行われ、上場を記念する「オープニング・ベル」が鳴り響きました。

東京プロマーケットについては、一般の個人投資家は原則として取引ができないこともあり馴染みが薄いかもしれません。株主数や流通株式数の基準がなく、オーナー社長が90％以上といったような、大半の株式をもったままの上場が可能なため、「東京プロマーケット＝オーナーシップを維持したまま『上場』ができる市場」といえます。同時に、今現在はグロースやスタンダード市場への上場基準に達しないものの、「近い将来には鞍替え上場」を目指すための予備的な席、という側面もあります。

東京プロマーケットへの上場を審査するのはJ-Adviserです（他の公設市場では主幹事証券会社と東証が審査を行う）。J-Adviserとは、一定の資格要件を満たし認証された組織のことで、東証からの依頼で東京プロマーケットへの上場を希望する会社の審査を行います。具体的には財務、法律、ビジネスに対してDDと呼ばれる審査を行い、適格性を判断します。当社もこの任にあたっており、上場希望の中堅・中小企業の支援につなげるべく努力しているところです。

東京プロマーケットへ上場するメリットとは？

東京プロマーケットへ上場するメリットは、多数挙げられます。まず信用ある市場の審査を経て上場するため、事業を進めるうえで信用力が増します。販路の拡充や資金調達、人材募集などの面で〝箔《はく》が付く〟わけです。

また、オーナーシップを維持したまま上場できることで、株式の一定割合をライバル会社やファンドなどに買い集められる、といったリスクを回避することもできます。東証のほかの公設市場ではＴＯＢ（株式公開買付）といった事態が起こることもあります。買収されないまでも、株式の一定数をもたれたことで、経営陣の刷新を求められるといった事態が起こり得ます。

東京プロマーケットでは、オーナーなどの株式保有者が「売り出す」という意思を示さない限り売買は行えないため、こうした事態を避けることができるわけです。さらに、東京プロマーケットへの上場期間内に、信頼できる株主を増やし、いずれ鞍替え上場した時のための買収防衛策を講じておく、といった準備に時間をかけることもできます。

M&Aとも相性のよい東京プロマーケットへの上場

先述のとおり、22年通期で約47億円の売上規模の同グループですが、グループ全体の成長に加えて今後もＭ＆Ａを続けることで、さらなる規模拡大を図っていきます。バリューチェーンの強化だけでなく、他のＭ＆Ａを志向する企業とは一線を画す理念先行型といえます。経営管理・人材開発・品質管理・営業・ＩＴ等で困っている企業を補完するかたちで、川上、川下事業会社にかかわらず、グループ化することで経営基盤の強化を図り、規模の拡大につなげています。

グループ全体で共有している「グループコンセプト」では、現在の中小製造業が「逆風の中にいる」としたうえで、強みを磨き合い、そして弱みは補完し合える同志を募るため次のように呼びかけています。

――大企業による吸収合併とは、全く性質が異なります。中小製造業同士、それぞれの強みを活かし、弱みは補完し合い、上下関係のないゆるやかな連合体をつくる。それが、オージックグループのあり方。グループ化によって各社の経営が安定することで、それぞれの本業をより発展させ、切磋琢磨することができるのです。私たちは2021年の上場を目指し、2023年には10社100億、2033年には100社1000億円の売上げをマイルストーンとしています――。

21年の上場は既に果たされました。今後のさらなる規模拡大にはM&Aで理念を共有できる会社と「ゆるやかな連合体」をつくること。同グループの発想は、まさにM&A路線と東京プロマーケット上場を並立させる手法といえるでしょう。

バリューチェーン強化や規模拡大で株価も上がる

ＥＶ（電気自動車）が中国やアメリカ、ヨーロッパで急速に存在感を増しています。今後、自動車の主流はガソリン車やハイブリッド車からＥＶや水素自動車に移ると考えられています。

こうした時代にあっては、国内の部品メーカー間の競争のみならず、海外勢との競争にも打ち勝っていかなければ事業継続や成長は見込めません。仮に生き残れても、業績はよくて横ばい。下手をすれば右肩下がりになってしまうかもしれません。そうした状況は株価にも反映され、仮にＭ＆Ａで会社を売ろうと算段しても、高い売却益は望めなくなるでしょう。自動車業界のみならず、中小企業製造業の外部環境および将来像は似たようなものと考えます。

自社単独のオーガニック路線に決別し、Ｍ＆Ａでグループ拡大を図るオージックグループの手法は、結果として自社株式の価値向上にもつながるのです。

Ｍ＆Ａと、オーナーシップを維持したままの東京プロマーケット上場を、両輪のようにして信用力と株価を向上させていく。そして、その上位市場を目指す。こうした手法は、他業種の企業にも参考になるはずです。

類型 2

「規模拡大」型M&A 同業、同業態買収により競争力を高める

前節のバリューチェーン型M＆Aが、同業種内の川上、川下に進出するものだったのに対して、「規模拡大」型のM＆Aとは、同じ業界の範囲内や周辺でのM＆Aのことを指します。主たる目的は規模の拡大です。

不動産の業界で、仲介と管理を主たる業務にしている会社があるとします。そうした会社が、ドミナント方式で同一の事業エリアか近隣の他社を買収することで、自社管理物件が増え、仲介の実績アップにも貢献します。さらに他県まで買収の手を広げることで、やがては地域でナンバーワンといった規模に成長することも可能でしょう。

不動産の管理業は管理戸数を増やすことで管理コストを削減でき、ドミナント方式であれば人員を効率的に配置できて利益率が向上するのです。

こうした規模拡大型のM＆Aは、利益率の向上以外にも、規模のメリットを活かすことができれば仕入れ価格の低減にもつながります。

わかっているだけに、決断しやすい面もある

また、買収対象の会社が同業種であるため、買い手としては業界の商習慣や働く人々のマインドにも精通しています。投資に際して「わからないものには手を出すな」と金言のようによく言われますが、M&Aにおいても似た側面があり、この型はわかっているだけに迷いを振り切りやすいものです。

もっとも、わからないものに手を出すことを真剣に検討すべき場面、時期があるかもしれません。その際は、過去の経験値や信頼のおけるコンサルタントなどを頼ることで、リスクを減らせることは既述のとおりです。

なお、この規模拡大型以外にも成約例として多いのは、前節のバリューチェーン型M&Aで、次いで多いのが4番目に紹介する異業種進出型のM&Aです。

また、1件のM&Aが複数の目的を兼ねることは先述しましたが、規模拡大がメインでありつつ一部にバリューチェーン強化の側面が含まれるといったケースもあります。先述の不動産の仲介や管理の会社が同業の会社を買った際に、その売り手がリフォームやリノベーション業務も行っているといったケースです。

M&A事例

売り手の社長の特長を見抜き、成長軌道に乗る

「規模拡大」型M&A

製造業

京和ブロンズ株式会社

M&A実績：1社

DATA

創業：1968年　本社：京都府久世郡　代表取締役社長：河井 領
従業員数：30名
資本金：1000万円　年商：約85億円
事業内容：青銅合金地金（インゴット）の製造および販売、ポンプ用羽根車の製造（鋳造・加工）、リン銅・亜鉛、その他金属の販売、銅滓・集塵灰等の販売

同業種や同業態の会社を買って規模を拡大していく「規模拡大」型M&Aの事例を、ご紹介します。京都府の久世郡にある「京和ブロンズ」という創業55年を迎える会社で、主力商品は「インゴット」と呼ばれる青銅合金地金です。国内ではわずかしかない「反射炉」を用

いることで、不純物がほとんど含まれない高純度のインゴット（歩留まり99・9％以上）を製造する技術を有します。現在、年間では約9600トンのインゴットを製造しており、船や水回り製品、一般機械など、様々な分野の製品に同社製のインゴットが採用されています。

M&Aによる会社の買収はこれまで1件で、当社が仲介を務めました。買ったのは、同じ京都府内にある同業種の会社です。買収当時、買い手の京和ブロンズは年商がおよそ50億円規模の会社。対して売り手となった同業の会社は年商が10億円程度と、売上げベースでおよそ5倍の差がありました。

買収の目的は、同業種の買収による規模拡大でした。先述したように、規模拡大型M&Aの利点の一つが、「事業の内実や課題について目が利く」こと。日々の業務の進め方から成否を分かつポイント、また従業員の気質などを理解できるからこそ、買ったその日からとまどうことなく事業を続けていくことができるのです。

売り手の社長は、今なお第一線で活躍中

売り手企業の社長は、新たに子会社となった元の会社で今も代表として在籍しています。買い手が売り手の会社を子会社化などグループ企業にする場合、あるいは吸収合併をするような場合、事業承継目的のM&Aの場合は売り手企業の社長は数カ月～1年程度の引き継ぎ

期間を経て退社するケースが多いです。

そういう観点からは、このケースはやや特殊といえるでしょう。現在、売り手企業の社長は、主に営業を担当しています。同業種間でのM&Aということもあり、販路のクロスセルや仕入れの共通化といったシナジー効果が初期から表れました。売り手の社長は営業分野を仕切っていました。そのため、京和ブロンズ側としても、あえて社長交代を求めず続投を依頼したのです。

京和ブロンズからは、売り手の社長の業務負担を減らす意味合いも込めて、3名の取締役を派遣しました。そして経理や資金調達、人員管理といった管理業務を分散させることで、売り手の社長が得意な営業分野により時間を注ぎ込めるようにしたのです。

結果、京和ブロンズの子会社として成長軌道に乗り、好業績が続いています。また京和ブロンズ本体も買収のシナジー効果から成長を続け、年商は85億円程度まで伸びています。

売上10億円クラスの企業にありがちな問題とは

日々、M&Aの仲介にあたっていると、売り買い双方の企業現場を知ることになります。そうした体験から思うのは、「売上10億円」クラスの中小企業にありがちな「多忙すぎる社長業」という問題です。

この京和ブロンズによるＭ＆Ａもその典型で、売り手の社長は得意な営業以外にも一人何役もこなしていて、肝心の営業活動に思うほどの時間を割けずにいたのです。

売上げが50億円を超えるような中堅企業や大企業なら、管理部門に経験もスキルもある有能な人材を4～5名配置し、社長業を補佐することができます。しかし、売上10億円規模の会社というのは、そこまで人件費も割けず、またスカウトやリクルーティングの能力もさほど高くはありません。

そのため、キーパーソンである社長が「あっちもこっちも」と、あらゆる重要場面を直接掌握する傾向があり、その多忙さが原因で成長の芽を萎《しぼ》ませてしまうことがあるのです。

買い手であれ売り手であれ、事情は同じです。もし、読者の皆さんの会社の現状がこうした状況にあてはまる場合、Ｍ＆Ａの買い手となりさらなる規模拡大を図るか、あるいは逆に一部の業務部門や会社そのものを売却することで、グループ会社間の人材交流を促し、成長の芽を育むことができるかもしれません。

売り手の会社は、京和ブロンズから派遣された取締役などの人材に管理部門を任せることで、元の社長は「誰かに任せる部分」と「引き続き担う部分」を切り分けることができ、結果として会社が成長軌道に乗りました。

また買い手の京和ブロンズは、販路のクロスセルや仕入れの効率化で成長が加速し、加えて買収した会社自体が停滞から成長に転じたことで、その果実も本体の成長に資することとなりました。

なお、買収した会社を子会社化するようなM&Aでは、売り手の会社の社長にどの程度残留してもらうか、あるいは経営の一端を担い続けてもらうのか、双方でよく話し合うことをお勧めします。

売り手社長の希望を聞くことはもちろん、「こちらが親会社なのだから、社長はウチから派遣する」といった固定観念では、せっかくの買収効果が半減してしまうかもしれません。

この事例は、こうしたことを教えてくれる好例といえるでしょう。

類型 3

「地域戦略」型M&A 都市部から地方へ、地方から都市部へ進出

既に述べたように、仕事そのものが少ないうえに人材獲得も容易ではない地域の企業が、一都三県（東京、神奈川、埼玉、千葉）や京阪神、名古屋を中心とした中部圏、福岡と北九州を擁する九州北部といった地域に進出する例が増えています。

人口減少のスピードが都市部より速い地域では現状でも厳しいのですから、将来を考え、余力のあるうちに「仕事と人」を求めて都市部への進出を図ろうというわけです。

例えば、北海道で荷物の配送やタクシー業務を行う運輸会社があるとします。北海道は都道府県最大の面積（約8万3000㎢）ですが、人口ではおよそ520万人と、兵庫県とほぼ同じ数です。

一方で人口が最も過密な一都三県は、合計面積では約1万4000㎢と北海道の6分の一ほどにすぎませんが、人口計では3600万人以上と、北海道の約7倍にも上ります（以上2020年「国勢調査」より）。

あくまで机上の計算ですが、面積が６分の１なのに人口では７倍に上る一都三県内では、北海道と比べて６×７＝42倍という人口密度があるわけで、荷物の配送やタクシー業務についても約40倍の高効率で行えると考えることもできます。

もちろん、需要がそれだけ多い一都三県ではライバルプレイヤーも多く、競争相手が少ない北海道でいったん確固たる地位を築いていれば、当面は安定した経営を続けられることでしょう。

とはいえ、将来性はどうかというと楽観はできません。札幌やその周辺のエリアはともかく、北海道全体では人口減少が続く地域が圧倒的に多いからです。運送業だけでなく、公共事業が先細る一方の建設や土木業、小売りやサービス業……。こうした業種では現状維持が精一杯で、自社単独のオーガニック路線でさらなる成長という上積みを求めるのは困難といえます。

今のうちにスピード重視で時間を買う

こうした現状を受けて、北海道や東北、中・四国等の余力のある企業が、M＆Aに活路を見出し、都市部へと進出を図る例が増えています。かつては、私たちが扱う案件でも都市部の企業が地方の企業を買う販路拡大のための地域戦略型M＆Aが主流でしたが、年々その勢いは逆転し、今では地方から都市部、都市部から地方への比率はほぼ半々に達したというのが現場実感です。

なお、地方から都市部へという地域戦略型M＆Aでは、建設なら建設かその周辺の土木や不動産等といった、同業態か周辺業種でのM＆Aが多くなります。業界の専門知識や商習慣等に慣れがあること、M＆Aで獲得した人材を育てやすいこと、車両や各種の専門設備、免許や資格といった各種のリソースを共有しやすいことなどが理由に挙げられます。

苦しくなる10年後ではなく、体力のある今のうちに都市部に進出する。そのための手段として、M＆Aの活用がますます増えることでしょう。

もちろん、以前からある都市部から地方へというM＆A戦略も盛んに行われています。単に拠点や販路拡大を図るだけでなく、自社の弱みを補強するようなM＆Aもあります。私たちが手掛けた例では、関西から九州へと荷物を運ぶことに強みをもつある陸運会社が、九州の物流や倉庫関連会社を複数買ったという事例があります。行きの便がほぼ満載なのに対して、帰りの便は荷が少なく非効率だったという弱点を、九州の現地企業を買うことで補ったというわけです。

なお、「地域戦略」型M＆Aの事例は、216ページのTAKUMINOホールディングスが該当しますので、そちらをご参照ください。

類型
4

「異業種進出」型M&A
一つの事業に偏ることで生じるリスクヘッジに

異業種進出型のM&Aは、文字どおり本業とは異なる異業種企業を買収するM&Aを指します。イメージのしやすさや意外性から、M&Aが行われた初期には代表的な例として紹介されることも多かったといえます。

当社が2018年に関わった案件では、大手の不動産デベロッパーが、決済サービスを提供するITベンチャー企業を買収した例があります。対象となった売り手企業はモバイルを含めたキャッシュレス決済に強みをもっており、買い手のデベロッパーとして、同社グループで開発展開をしている商業店舗のテナント店等に対して、いち早くキャッシュレス対応を導入できたというわけです。

異業種進出型のM&Aでは、さらに大きく二つに分類することが可能です。一つは「横展開」ともいえるもので、例えば宅配水を配送していた会社が、プロパンガスの会社を買収するといった例です。1台のトラックには、宅配水だけでなくプロパンガスのボンベも同時に積載できます（回収時も同様）。そして、扱う製品は全く別物ながら最終的に届ける顧客は同じという横展開です。

もう一つが、高収益企業による異業種買収です。ゲームやアプリ開発で成功したＩＴベンチャー企業は、技術力に加えてプログラミングに要する過剰な人員を抱えていることもしばしばです。ゲームやアプリが流行っているうちはいいのですが、下火になると人員が余ることもあります。そうした折に、同業のみならず業績のよい異業種企業を買収し、余剰の人員をそこに派遣できるようにするというものです。

不況で増えるかもしれない異業種進出型M&A

国内のＭ＆Ａ市場には分かりやすい傾向があります。それは、好況時には同業間のＭ＆Ａが増え、不況になると逆に異業種間のＭ＆Ａが増えるというものです。

かつて余裕のある時に買った異業種の子会社を、不況になると手放す中堅・中小企業が多くなります。選択と集中で本業強化を進めて危機を乗り切ろうとする際に、異業種の子会社が売りの対象となるということです。コロナ禍のゼロ・ゼロ融資の元本返済が本格化し始め、企業の倒産件数も増え始めています。今後、買いのチャンスを窺う買い手とその予備軍にとっては、好機到来という見方もできるでしょう。

M&A事例

「異業種進出」型M&A

二本足打法で本業強化の傍ら、第二の柱を育てる

製造業

春日製紙工業株式会社

M&A実績：7社

DATA

創業：1930年　本社：静岡県富士市　代表取締役社長：久保田雅則

従業員数：130名　資本金：3000万円　年商：約130億円

事業内容：紙類（主に家庭紙）、パルプ並びにその副産物の製造加工および販売、山林の経営および木材の売買、産業廃棄物処理事業など

1930年に前身の福富製紙が創業して以来、90年以上続く春日製紙工業は、静岡県に本社を置く製紙会社です。年商はおよそ130億円。主力の商品はトイレットペーパーで、「デコレーションローズ」「薔薇のおもてなし」といった自社開発商品があります。2022

年2月には、会社として応援する地元のJリーグチーム、清水エスパルスのロゴをあしらったコラボレーション商品を発売しました。

環境への配慮にも長年努めてきた会社で、１９８８年にコージェネ方式のガスタービン自社発電システムを設置し、順次強化。現在では年間消費電力５３００万kWの75%にあたる４０００万kWを自家発電するまでになっています。

１９９０年には世界初となる芯なしトイレットペーパー「コア・ユース」を開発し販売。また、脱プラスチックの動きを受けて、２０１９年には紙ストローの製造販売を始めています。

主力のトイレットペーパー以外では、マンガ雑誌などに用いられる色鮮やかな出版用の更紙（１００%再生紙）、ペーパータオルなども強みとなっています。

自社商品で本業を伸ばすも、限界が

春日製紙工業は社歴が長く、利益率の高い自社開発商品も複数有している一方で、大手製紙会社にＯＥＭとしてトイレットペーパーを供給する仕事も請け負っています。それらは大手製紙会社のプライベートブランド商品として世の中に流通しますが、自社開発商品に比べるとＯＥＭで提供する仕事は利益率が低くなってしまいます。

そもそも製紙業界には、王子製紙、大王製紙、日本製紙といった年商数千億円から1兆円規模の巨大企業が名を連ねており、太刀打ちするのが難しいという事情もあります。

ペーパーレス化が進んだとしても、トイレットペーパーがなくなることは考えられませんが、少子化による人口減少はいずれ影響を及ぼすかもしれません。つまり、業界の将来は当面安泰かもしれませんが、必ずしも明るくはない。自社開発商品とOEMの受注で本業は伸ばしつつも、本業に代わる第二の柱も育てたい……。同社には、こうした思いがあったのです。

そうした「攻め」の姿勢を意識し出した一つのきっかけについて、同社4代目社長の久保田雅則さんは当時を振り返ります。

「2010年代に入って、主原料である古紙が各社で取り合いとなり、入ってくる量が減りました。元々デジタル化やペーパーレス化の影響で当時の業界環境は芳しいものではありませんでした。しかし、そうしたなかでも家庭紙と段ボールの分野にはまだ可能性があると踏みました。そこで、大手とも合弁し家庭紙の分野に資源を集中。2010年には新たな機械を導入し、自社開発商品の比率向上にも資するものとなりました。また、家庭紙用の機械を活用することで、ハンドタオルという第二のヒット商品の開発にもつながった経緯があります」

当初のM&Aは、救済目的が中心だった

本業の強化と並行して、同社では長年M&Aにも積極的に取り組んできました。1983年に同業の製紙会社の本社工場を買収したのを皮切りに、同業と異業種の企業を買収したり資本提携したりしてきました。

「80年代から2000年代にかけて、計4社のM&Aを経験しました。先代社長のころの話になりますが、当時はM&Aのコンサルタントも今ほどおらず、取引等があった売り手と当社が直接話し合い、子会社化するといった流れだったということです。主に同業か周辺業種の企業で、かつ地理的にも比較的近場の会社でした。買収の経緯や目的は、売り手企業の救済という側面が強かったともいえます」（久保田社長）

なお、80年代以降に買収した会社の従業員たちは、大半がその後も働き続け、定年まで勤めた人が多かったとのこと。M&AやPMIのノウハウが世に広まる前の話ですが、売り手の従業員をリスペクトするという姿勢を知らず知らずのうちに実践していたため、その後の同社のM&A新展開に結び付いていくことになります。

久保田社長の代になり、それまでの「待ち」の姿勢から、第二の事業の柱を育てるための

「攻め」の姿勢に転換します。複数のM&Aコンサルタントと交流を深め、異業種であれ遠方であれ、成長分野と思える企業に積極的に投資するというビジョンを固めたのです。

日本の技術を世界に広めたいという思いをM&Aに込める

「2016〜17年にかけて、自らアクションするという姿勢に転じました。それが実ったのが2〜3年後で、2018年以降に異業種のエンジニアリングの企業を3社買収、過去分を含めると都合7回のM&Aを経験することになりました」(久保田社長)

異業種の会社のM&Aにあたっては、「日本の技術を世界に広めたい」という同社の思いがありました。そのうえで、高い技術力を有した成長分野の企業を買収し、製紙業という本業と、いつか並び立つようなもう一本の柱を育てようというわけです。

当社では、比較的最近、2件の仲介をしました。一つは大阪市に本社を置く樹脂加工機械と付属品の製造に強みをもつ企業です。この会社は、携帯電話や自動車の車載ディスプレイに用いる遮光板、偏光板、導光板といった液晶ディスプレイをきれいに見せるための部品を製造する技術に長《た》けたニッチトップの会社です。

もう一つが、茨城県結城市にある金型の設計、製作、加工、検査まで一貫して行う能力のある会社で、フィルムの高精度プレス加工に強みをもちます。半導体や自動車、ICタグなど幅広い用途に用いられる加工で開発依頼が後を絶たない、こちらもニッチトップの会社といえます。

いずれも、静岡県が本拠の春日製紙工業から見れば、地理的な条件はよくありません。しかし、地域戦略はこの場合は度外視しました。

対象企業をリスペクトして、二本足打法を今後も進めていく

製紙会社が精密部品の加工機メーカーを買う。M＆Aの例としては、なかなかイメージが湧かないかもしれません。しかし、こうした異業種進出型のM＆Aが増えているのもまた事実です。

春日製紙工業のケースでは、「人口減少、ライバル過多、低利益率」といった本業の業界動向へのヘッジや補顚の意味が含まれます。ただし、この例はそれだけにとどまりません。むしろ、「第二の本業をつくり上げよう」という強固な意志が存在するからです。

「本業の製紙業に10億円、20億円投資するのであれば、より成長が見込める分野の企業に同額を投資するほうが将来性はある。ごく単純な話なのですが、そのためには未知の業種や地域にも踏み込んでいくべきだと考えています」（久保田社長）

異業種の企業買収に際しての苦労やPMIの工夫

久保田社長が経験してきた3件の攻めのM＆Aについて、交渉や買収後の統合作業に関しては苦労も多かったということです。

製紙業一筋だったといえる同社にとって、精密機器のエンジニアリングという分野は未知の領域で、商習慣や働く人のマインドもわかりません。そこで、同社では「とことん人物に重きを置く」姿勢を前面に出し、貫いてきました。現場の技術者だけでなく、会社を率いてきた経営陣をリスペクト。例えば3件のうち2件目の案件では社長は今もそのまま留任、3件目では当時の社長は会長に就き、新社長は春日製紙工業側から派遣しています。

「本当は、PMIに備えて、日頃から対象会社に派遣できる経営幹部を社内で育成しておくべきなのでしょうが、正直そこまでの余力は乏しい。そこで、買収後の1年は先方の企業風土をよく見て把握したうえで、徐々に改善や改革を打ち出していくというスタイルでやってきました。売り手企業の自主性を重んじての経営統合ですが、3社間で人材交流を進めたり、3社の経営幹部に本社グループを交えて経営のOJT（オン・ザ・ジョブ・トレーニング）をしたりすることで、経営力を高めるといった努力は続けており成果が出てきています。我々のような中小企業は1社だけでは人材の有効活用ができず、ワークマン社がいう『冗員』だらけになってしまいがちです。M＆Aによってグループ会社を増やす効果は、兼任で経営幹部を任せることで、一人ひとりの仕事密度を高められることにあります。「冗員でなくなり、経営のOJTも自然に行うことができるなど、マネジメントのスキルアップにもつながるのです」（久保田社長）

100年企業に向けたビジョン

春日製紙工業を担当した当社コンサルタントが感心していることの一つが、久保田社長のトップ面談時の交渉姿勢です。先述の「とことん人物に重きを置く」という態度が貫かれているのです。

具体的には、売り手の企業を訪ねた際、久保田社長は先方の社長にこう切り出します。「私たちの会社が御社のお眼鏡にかなうのか、果たして選んでいただけるだけの会社といえるか、それはわかりません」と。

そして、もし選んでいただけるのであれば、将来的には……と、夢とビジョンを熱く語りかけるのです。まさに、トップ面談のお手本ともいえる姿ではないでしょうか。

90年超の歴史がある製紙業については、自社開発商品を中心に環境と共生する技術を継承し、事業を継続する。他方で、精密機器や電子部品をはじめとする精密部品の製造を中心とした事業はもう一つの本業に育て上げる。

こうした飽くなき挑戦を続けているのが、同社の姿です。

また、それを可能にしてきたのが、全ての働く人々をリスペクトし続けてきたという過去の積み重ねのように思えます。

「100年企業となり、その先にはグループ合計で1000億円規模の会社に成長させたい。その成長エンジンのためには、今後もM&Aを活用していきます」（久保田社長）

春日製紙工業が100年企業として存続、成長していくのは間違いないでしょう。

M&A事例

「異業種進出」型M&A

本業の周辺にある異業種企業と次々にM&Aを実施

製造業、小売業

株式会社エム・デー・エス

M&A実績：5社

DATA
創業：1951年　本社：大阪府平野区　代表取締役：三星 勝
従業員数：92名　資本金：4300万円　年商：約20億円
事業内容：精密加工技術を活かした巻き線加工、通信関係用コイル、車載用コイルなど各種コイル、トナーカートリッジのリユース（詰替・修理）、複写機・FAX等の海外純正トナーの販売、インクジェット用カートリッジの販売、リフレッシュバッテリーの製造・販売など

大阪市平野区に本社を置くエム・デー・エスは、オフィス向けの複合機やプリンターに用いるリサイクルトナーの製造に強みをもつ会社です。年商はおよそ20億円。M&Aに非常に

積極的な会社で、成長のために年間1～2社を今後も傘下に収めていきたいという方針です。当社で仲介した実績は、これまで4件あります。基本的に、これまでのM&Aのほとんどは、異業種への進出なのですが、「本業とかすかに接点がある異業種」の会社を買っている点が特徴です。

実施済みの4案件を簡単に振り返り、どのような異業種の会社を買ってきたか、確認してみましょう。

一つめは、同じ大阪府内にある製造業者向けの機器メンテナンスに強みをもつ会社でした。「ショットブラスト」と呼ばれる、鋼材の表面に凹凸をつけることで塗料ののりをよくし、サビの発生を減らすことで素材そのものを長寿命化させる技術があります。売り手となったこの会社は、こうした加工を行う機械の卸やメンテナンスに強みがありましたが、後継者が不在ということもあり売却を決めたというものです。

二つめは、滋賀県内にあるオフィス向けなどの什器や文具の小売りを行う会社でした。やはり後継者が見つからず、売却を決意した例です。

三つめの案件は、ハーネス加工というオフィス内などの電線ケーブルに行う各種の加工やそれらケーブルの配線に工夫を試み、作業効率やノイズ対策を向上させるといった電材分野の技術に強みをもつ会社でした。兵庫県姫路市で事業展開していましたが、オーナー家が株式の過半を所有したまま「経営と所有を分離」する方式で、エム・デー・エスが経営を担うこととなり事業継続をした例です。

当社が仲介した最後の四つめの案件は、愛知県豊橋市にあるOA商品の販売に長けた会社でした。1、2件めと同様に後継者不在のために売却を決意した例です。

顧客の元を定期的に何度も訪れる、という共通項

エム・デー・エスが行ってきた異業種進出型のM&Aは、全くの異業種ではなく「本業とかすかに接点がある」会社を傘下に収めてきたと述べました。

同社の最大の強みであるリサイクルトナーの製造販売は、クライアント企業側が使い切ったトナー容器を原則、全て回収し、詰め替えて再生し、再びクライアントに届けるという循環型の「サーキュラー・エコノミー」スタイルです。そのため、エム・デー・エスの担当者は定期的にクライアントのオフィスを訪ねる必要があります。

先述の4件のM&Aによって、訪問の際に、「ウチは機器のメンテナンスや什器・文具、電材部品、OA商品も扱っています。販売後のメンテナンスもさせていただきます」と、ついでの〝御用聞き〟ができるようになりました。

既にがっちりとつかんでいる多数のクライアント企業に向け、リサイクルトナー以外の

様々な商品やサービスを提供するわけです。それだけでなく、傘下に収めた4社がもっていた販路には、同社の売りであるリサイクルトナーを販売できることにもなります。

「本業とかすかに接点がある」会社を買うことのメリットは、シナジー効果が高まることです。1＋1が2ではなく、3にも4にもなる。同社のM＆A戦略は、買収を重ねるごとに高まってきたシナジー効果をさらに押し広げるというものなのです。

ペーパーレス化への焦りと将来への備え

同社がこうしたM＆A戦略を推し進めてきた背景には、次第に広まりつつある「ペーパーレス社会」への不安や焦り、将来に向けた成長持続への危機感がありました。

既にコロナ禍の前から、電子署名や名刺の電子化、決済や社内経理書類の電子化、電子保存が進んでいました。そうした時代の趨勢を、コロナ禍で常態化したリモートによる商談や打ち合わせ、営業日報や経費精算書類の電子化といった動きが加速度的に後押しをしました。

今後、オフィス内でもペーパーレス化がますます進み、複合機やプリンター等の使用頻度はどんどん低くなることが予想されます。そうなれば、必然的にリサイクルトナーの販売だけでは成長が難しくなる……。こうした将来不安や危機感から、本業の周辺ともいえる異業種に進出し、成長を図っているのが同社のM＆A戦略なのです。

たしかに、ペーパーレス化が進んで複合機やトナーの利用が減っても、半面でIT化やDX（デジタル・トランスフォーメーション）化が進めば、電材部品やOA機器のニーズは高まることでしょう。

クロスセル効果による本業の強化を行いながら、来《きた》るべき本格的なペーパーレス化社会に対応すべく、トナー以外の商材・サービスを有して成長を図る。同社の先を読む目が、M&Aにも反映されているのです。

類型
5

「人材獲得戦略」型M&A
人材不足の解消や特殊なスキルを有する人材確保

地域戦略型M&Aの節でも述べたように、現在、中小企業を巡る人材不足は深刻さを増しています。地方はおろか都市部でさえも、採用に苦労するのが現状です。

日本商工会議所が2022年10月に発表した雇用に関する調査（調査対象は6000社余りの中小企業）では、64・9%が「不足している」と回答。中でも建設業＝77・6%、運輸業＝76・6%、宿泊・飲食業＝73・9%といった業種で人材不足が目立ちました。さらには、21年度に新卒採用を実施した中小企業のうち「予定した人数を採用できた」企業は45・6%で、「募集したものの全く採用できなかった」企業が19・9%と約5社に1社にも上ったということです。

都市部では、中小企業よりもブランド力があり安定した大企業に応募が集中する。そして、都市部と地方企業の比較では、給与水準が比較的高い都市部の企業に人が集中しがち……こうして、全国的に中小企業の人材は不足しているのです。

こうした現状を打開しようというのが「人材獲得戦略」型のM&Aです。採用が満足にできないうえに教育にも多大な年月や費用がかかるのであれば、割高な投資をしてでも優良な同業企業を買収して時間を節約（長い目で見ればお金の節約にもなる）しようというものです。

建設や土木、建築士に鳶《とび》職人、大型車両のドライバーに優秀な調理スタッフ……とにかく専門人材が欲しいのですからエリアは二の次で、他県の会社を買収する例も増えています。黒字の会社なら現地で子会社として営業を続け、人材交流などで他県の人材を本社に異動させることもできます。

元々、建設、土木や運輸の業界では従業員の高齢化が問題視されていました。特に建設業では、コロナ禍以前から慢性的な人材不足です。そこにコロナ禍が追い打ちをかけ、頼みの外国人材が入ってこなくなり、直近は少し回復したものの円安基調を嫌った外国人労働者が母国に帰る例さえあります。

今後、こうした人材不足解消のためのM&Aが加速すると思われます。その際、都市部の企業であれ地方の企業であれ、「採用力」のある企業が優位になるでしょう。リクルーティングのスキルだけでなく、都市部や同業のライバル会社に負けない給与水準や昇進システムの構築、休暇を増やすといった福利厚生の充実等が以前にも増して求められるでしょう。

M&A事例

「人材獲得戦略」型M&A

人材と不動産の引き受け、活用で中小企業を救済する

サービス業（人材派遣・受託）

株式会社ワールドホールディングス

M&A実績：1社

DATA

創業：1993年　本社：福岡県福岡市　代表取締役社長：伊井田栄吉

従業員数：3万4014名（連結）　資本金：13億2300万円

年商：約1836億円

事業内容：人材教育ビジネス、不動産ビジネス、情報通信ビジネス、農業公園ビジネス

ワールドホールディングスは、かつての東証一部から新たに設けられた上場区分の最上位「プライム市場」へと移行した上場企業です。2022年12月期の決算では、年商が約1836億円、営業利益は約86億円という巨大企業です。

本書が扱う買い手企業の例としては大きすぎるのですが、人材の獲得や活用のために実施したユニークなＭ＆Ａの事例があるため、あえて紹介した次第です。さらに、年商が数億円、あるいは従業員数が十数名といった中小企業であっても、上場企業の傘下に入ることができるという事例としても着目してもらえればと思います。

当社で仲介した案件は一つです。売り手となった会社は、東京都の木工用の機械を扱う中小企業で、15名ほどの従業員がいた会社です。マーケットが縮小を続けているうえに、後継者も不在で売り手の社長は廃業を検討していました。事業を畳むことについては決心がついていた社長ですが、長年苦楽を共にしてきた従業員たちの雇用だけは何としても守りたいという思いがありました。

単なる人材獲得を超えた、中小企業の雇用救済の例

そうしたご相談を受け、お引き合わせをしたのがワールドホールディングスだったというわけです。同社は、人材派遣や人材教育業を柱に、不動産、情報通信、農業公園など様々な事業を行っています。そのため、売り手の会社の15名の従業員を、同社のどこかの部門で吸収してもらい働き続けることができるのでは、と考えました。そうして、その方向で話を進め、双方に合意してもらったのです。

ワールドホールディングス側の視点で見れば、人材獲得に資するM&Aの事例ともいえますが、より強調しておきたいのは「後継者不在などで困っている中小企業を救済する」という意味合いです。

というのも、連結ベースで3万5000名弱の人員を要する巨大な買い手としては、15名という従業員数は全体の1000分の1にも足りません。日本全体が人材不足とはいえ、プライム市場に上場するネームバリューやブランド力をもってすれば、優秀な人材の獲得は中小企業に比してはるかに容易だと想像がつくからです。

同社では、「世界中にあらゆる人が活きるカタチを創造することで、人々の幸せと社会の持続的発展を実現する」というパーパスを掲げ事業を行っています。また人材派遣や受託、教育といった生身の人にまつわる事業を行っていることもあり、雇用の大切さについても人一倍重視してきたのです。

企業が廃業をしてしまえば、残された従業員は再就職に苦しむはずだ……。こうした事情を百も承知の同社が、一種の中小企業救済に動いた。このM&Aの事例には、こうした思いも潜んでいたのです。

残された土地を有効活用できる

当社が巨大な同社を売り手側にご紹介したことについては、もう一つの理由がありました。それは、本業の木工用機器の販売を廃業した後に残る本社などの土地を有効活用できるのでは、と考えたからです。

買い手である同社には、子会社のワールドレジデンシャルを中心とした不動産業という柱もあります。そのため、売り手の会社にとっては不要となる土地にマンションや商業ビルを建てて、利活用できるはずだと踏んだのです。ワールドホールディングス側でも、この一種の遊休資産に興味をもってくれて、「人材の雇用＋不動産開発」という両面から、結果として売り手の会社を支援することとなったわけです。

ところで、この事例はワールドホールディングスという買い手に、人材の受け入れや、不動産開発の実績や開発後の管理運営といったスキルが豊富にあったため、成立し得た案件といえます。

仮に、買い手が売り手と同規模や少し大きいくらいの規模ならどうでしょう。15名全てを引き受けて再就職させることは難しいかもしれません。あるいは、「人はいらないから不動産だけ売ってくれ」という姿勢で臨むかもしれません。

しかし、第1章でも述べたように、「不動産だけ欲しい」「人だけ欲しい」といった独りよがりの姿勢では、売り手の心に刺さりません。売り手が何を欲しているのかは、ケースによって様々です。従業員の雇用の継続か、はたまた守り継いできた商品やブランドの存続か……。交渉の過程で、互いを尊重しかつ互いの求めているものを理解し、譲れない部分と妥協してもよい部分を峻別していくことが必要なのです。

いうまでもなく、この事例では売り手の社長がこだわったのは、15名の従業員の雇用継続でした。それに加えて、本業から撤退した後の遊休不動産を自ら活用することが難しかったところを、買い手の力と実績でカバーしてもらえたという一挙両得の結果となりました。

中小企業の廃業を減らすために

当社としても、今後、特に地方での中小企業救済を進めたいと考えています。後継者不在や人材不足、市場のシュリンクなどで廃業を考える中小企業が年々増えています。

ワールドホールディングスのような体力もあり人を重視する会社をご紹介することで、「後継者難などでお悩みの中小企業を救済」するM＆Aが今後ますます増えるのではないでしょうか。私たちも、その一端を担うことができれば幸いです。

M&A事例

「人材獲得戦略」型M&A

モノづくり技術の継承＋経営層の育成で商社がメーカーを買う！

流通業

株式会社ISSリアライズ

M&A実績：3社

DATA
創業：1920年　本社：大阪府大阪市　代表取締役社長：井上寿一
従業員数：327名　資本金：1億5000万円　年商：約528億円
事業内容：金属素材および加工製品販売業

2021年、旧社名の「井上特殊鋼」から社名変更をしたISSリアライズは、北海道を除く全国主要都市に営業所や支店、物流センターを有する金属関連の専門商社です。大阪に本社を置き、特に西日本に多くの事業拠点を構えます。グループに鍛造、機械加工、微細加工、樹脂加工を行う製造会社5社を有する総勢700名を超す企業グループです。

直近の単独の年商は約523億円で、鉄鋼や非鉄の商社としては大手というわけではありませんが、販売品の7割以上が加工製品で、粗利益率が20%を上回るという独自のスタンスをもつ企業です。製造業が抱える様々な課題を、8万点を超す加工製品のデータベースと全国に広がる2400社を超える仕入先を基に、最適な製造方法と仕入先を組み合わせて解決します。

金属部品は、複数工程を経て完成部品となります。そして同様の加工でも、大物・小物、量産・単品、納期や精度等、それぞれ得手不得手が存在します。仮に3工程であったとしても工程ごとに10社あると10×10×10の1000通りの組み合せが存在します。そして各製造業が求めるのは、自社に一番適した1通りです。量をさばくことが主体の金属流通において、コンサルティング領域を見出し、質のビジネスに転換したのが同社の特徴です。

質の高い仕入先確保のためのM&A戦略

クオリティの高い仕入先があって成り立つビジネスであるため、昨今の後継者不在による日本のモノづくり技術の継承問題に危機感があり、高い技術力や相乗効果が期待できる企業に対しては資本参加も行います。当社では、3社のM&Aを仲介しました。

一つが岐阜県可児市の会社で、微細な穴開け加工に強い会社です。次が静岡県浜松市の会社で大型の機械加工に強みのある会社。3社目が広島県福山市の会社で、非鉄金属や樹脂の加工に強い会社です。

日本には世界でも例を見ない、モノづくりにおける幅広い分野のそして質の高い中小企業群が存在しています。こういった企業に存在するモノづくり技術の継承が疎《おろそ》かになると、日本の製造業全体の弱体化につながります。

技術力があるけれども、継続に問題がある企業で相乗効果が期待できる場合、ISSリアライズは資本参加をしグループ化します。M&Aを通じて得たものは、医療分野への製造認可、比較的少なかった非鉄・樹脂分野の加工の浸透、微細・大型といった機械加工分野の強化です。

M&Aが経営者育成に寄与

また、M&Aを通じた新たな発見は、M&Aを実施した企業の経営を任せることは、経営層の育成につながるということです。企業は経営的に整えば整うほど分業が進み、他部門のことに関与する必要がなくなります。

具体的には、人が必要であれば人事部門に言えば人が配属され、設備や在庫に資金が必要であれば財務部門に言えば手当てしてもらえます。しかし、小さな会社の経営をすると、その全てに自身が関わらなければいけなくなります。

ハローワークや人材紹介の企業と接点をもったり、自ら銀行を訪問する必要もあるでしょう。そういった経験を通じて、採用や資金調達のタイト感を知ることができます。

経営層に必要なことの一つは、全体最適を考えられることです。そういった意味で、M&Aは経営層を育成するのに適した手段であるとも考えられています。

類型6

「コングロマリット」型M&A エリアや本業の周辺で規模を拡大する

同業やバリューチェーン内の買収に加えて、4番目に取り上げた異業種進出型のM&Aを、特定のエリア等で大々的に行うのが「コングロマリット」型のM&Aです。一般にコングロマリットというとかつての石油メジャーやジョンソン・エンド・ジョンソンのような多国籍企業をイメージするかもしれません。

私たちが類型化に際して用いているコングロマリットは、主に特定エリア内での「大規模展開、他業種展開」といった意味合いです。

中国地方の瀬戸内エリア、名古屋圏、道東エリア、新潟・長岡エリア……都道府県内の中核エリアや複数県にまたがる商圏において、いわゆる「名士企業」というものが各地に存在します。明確な定義があるわけではありませんが、歴史と伝統があるほか、創業者が地元に所縁のある著名人といった地場の有力企業です。

そうした名士企業が扱う製品、商品、サービス、店舗は全国区ではさほど有名でなくても、該当エリアや周辺都市では地域ナンバーワンの存在です。本業はあるものの、その周辺分野や異業種分野にも積極進出しており、まさにエリア内でコングロマリットな展開をしています。地域の人なら誰でも知る、安心ブランドなのです。

わかりやすい例でいうと、福岡で知らない人がいない西鉄グループなどが代表例です。バス、鉄道、タクシーといった陸運業を中心に、周辺産業のホテルや賃貸オフィス運営、戸建てやマンション建設・販売を行っています。また異業種ともいえる百貨店やスーパーマーケットの運営、遊園地やゴルフ練習場といった各種レジャー施設の開発運営にもあたります。福岡市民の憩いの場である大濠公園を管理しているのも西鉄で、かつてはプロ野球球団をもっていたことさえあります。

西鉄ほど大規模ではないにせよ、各地にはプチ・コングロマリットといえる企業グループやその予備軍が多数あります。また、こうした会社の多くがM＆Aに積極的で、複数回のM＆Aを行ってきたというのも特徴です。

たとえ異業種の会社を買収したとしても、顧客は「〇〇グループなら安心だ」と違和感を覚えることがありません。また売り手の企業も「見ず知らずの会社に売るのは心配だが、〇〇さんが買ってくれるなら安心だ」と思ってくれます。コングロマリット型のM＆Aは、回数を重ねれば重ねるほど買い手のブランド力も増していくのです。昨今では、経営者の高齢化に伴い、地域の小規模な名士企業が売りに出るケースも増えています。地域ナンバーワンを目指す買い手には、千載一遇のチャンスでもあります。

M&A事例

「コングロマリット」型M&A

本業の周辺にある異業種企業を次々とM&A

その他サービス業

ツネイシカムテックス株式会社

M&A実績：9社

DATA

創業：1967年　本社：広島県福山市

代表取締役社長：曽我友成

従業員数：239名　資本金：1億円

年商：約159億円（連結4社合計）※2022年

事業内容：廃棄物の収集運搬・中間処理・最終処分・リサイクル、船舶廃油の処理・再生、計量証明事業、汚染土壌処理、太陽光発電など

広島市に次ぐ広島県第二の都市、福山市に本社を置くツネイシカムテックスは、全国を対象に産業廃棄物の収集運搬、中間処理、リサイクル、最終処分などを行っている会社です。

同社は、創業120周年の歴史を誇る常石グループの一員として、環境事業を展開していま

す。

同グループは、環境事業以外にも主力の造船を中心に、海運、エネルギー、ライフ&リゾートと5つの事業領域で規模を拡大しており、2022年12月期のグループ売上高は約159億円に達します。

人や地域社会を大切にするグループ理念のもと、長い歴史の中で20万重量トンの修繕ドックの建設やフィリピンや中国への海外進出といった挑戦のみならず、地元でホテル・遊園地・ガソリンスタンドを運営するなど地域と共に成長を遂げてきました。

ツネイシカムテックスは、1967年に船舶の廃油処理を行う会社として創業しました。その後、産業廃棄物処理事業の許可を取得し、産業廃棄物処理事業へ進出。1997年には島根県沖で沈没し、大量の重油が漏れ出したロシア船籍のナホトカ号重油流出事故に際して、海上防災センターからの要請を受け油濁防徐作業に協力、運輸大臣から感謝状を授与されています。現在では、廃棄物の処理に加えて、廃棄物発電や人工砂の製造など100%リサイクルを目指し、技術開発にも力を入れています。また、2012年以降はタイやマレーシアなどの海外へも積極的に進出を果たして、経済成長著しい東南アジアでさらなる事業規模の拡大を図っています。

福山市とその周辺、さらに全国で規模を拡大する

常石グループは、これまで造船・環境事業などを中心にM&Aを行ってきました。とりわけ、ツネイシカムテックスは9件の買収実績があり、うち2件は当社で仲介したものです。同社は本社のある福山市を基盤に、県内のみならず埼玉県や当社が仲介した富山県の鉄・非鉄金属の仕入れ、加工、販売を行う会社など、遠隔地であっても「優れた企業でシナジー効果が見込めれば、本業の周辺にある異業種企業でもグループに迎え入れる」という姿勢で、高い専門性を有する企業のM&Aを積極的に行ってきました。そういう意味では「コングロマリット」型のM&Aといえるでしょう。

環境事業、特に産業廃棄物の業界は中小企業が多く、後継者不足の問題が深刻化していたり、新規参入が難しかったりと課題も抱えています。ツネイシカムテックスは、「コングロマリット」型のM&Aによって、新たな技術の獲得や新分野へ参入。子会社との連携・協力態勢を構築することで技術の多様化や幅広いサービスの展開など新たな価値を生み出しています。

重厚長大産業や巨大産業がM&Aを取り入れるワケとは？

近年、重厚長大産業やその他の巨大産業に属する企業間でもM&Aが頻発しています。新日鉄は住友金属を傘下に収め新日鉄住金（その後日本製鉄に社名変更）に、パナソニックはグループのパナソニック電工（旧松下電工）を吸収し一体化しました。ほかにも、石油元売りや総合電機、通信といった分野で、合併や一部事業の売却といった動きが増えています。

いずれも、高度経済成長期においては花形産業でしたが、グローバル化の時代には中国や韓国、台湾といった海外勢に後れを取りはじめています。花形産業が次第に斜陽化し、超大手といえども単独では国際競争に勝てない時代になってきたわけです。

厳しい見方かもしれませんが、常石グループの中核をなす造船や海運といった事業領域も同様でしょう。売上げが数兆円に達するような超大手でさえ成長維持のためにM&Aを行うのですから、今や企業規模の大小にかかわらず、「事業継続のためにM&Aを行う」時代といえるかもしれません。

コングロマリット企業の強みとは、「事業展開の土地があり、働き手となる従業員もいる、そして長い企業の歴史をもち、豊富な資金をもつ」ことです。それでも、今までのやり方のままでは成長できないとすれば豊富な資産を活かせるように、M&Aを活用して新しい技術や伸びしろのある分野に進出すればよいのです。

そういう観点からすれば、「環境ビジネス」というグループ内では新しい領域を受けもつツネイシカムテックスは、グループの成長を占う期待の存在ともいえるでしょう。

第3章

リスクを最小限に抑えたM&Aの実践と手順

1 まず確認すべきは「案件化」されているか否か

この章では、M&Aの本格的な交渉が始まる前段階のいわゆる「プレ・ディール」と、交渉が本格化する「オン・ディール」期間の流れや手順、注意点などについて見ていきます。なお、「はじめに」でも述べたように、より詳細なテキスト的な書籍は多く刊行されています。必要に応じて、そうした書籍も参照してください。本書では引き続き、当社コンサルタントや買い手企業の生の感覚や体験を重視して記述を進めます。

まず必要なことは、M&Aの「買い」姿勢を仲介会社などに伝えます。その際、「○年後に○○でありたい、○○になりたい」という具体的なビジョンが必要なことは述べたとおりです。

担当コンサルタントからは、具体的な売り案件の情報が寄せられます。その際、「何県の企業で売上げはいくら、後継者不在で売却を検討中」などと、最初は社名を伏せて伝えられることが一般的です。こうした社名を伏せた状態を、ノン・ネームなどと呼びます。

複数の売り手候補から目的にマッチしそうな企業を選び、担当コンサルタントに伝えます。売り買い双方の意向を確認した担当コンサルタントは、「売り手の社名や事情等を漏らさない」旨の秘密保持契約を買い手候補と結んでから、次節で述べるトップ面談等にコマを進めていくのです。

“ふわふわした”不確実な売り手が多いのも事実

ところで、買い手に寄せられる売り案件の情報は、必ずしも私たちのようなＭ＆Ａ専業の仲介会社から寄せられるわけではありません。ケースにもよりますが、買い手企業の取引銀行から売り案件の打診がくることもあれば、顧問の公認会計士や弁護士のルートを通じて「優良な買い手を探しているらしい」といった売り手の情報が寄せられることもあります。あるいは、腹を割って話せる仲である同業者や取引先の企業から直接、社長同士のルートで話が進むといったこともままあります。

そうした多種多様な「売り」の意思表示のなかには、「いつまでに、いくらで売りたい」という金額面以外に、「株式会社Ａの商号存続と最低３年間の従業員の雇用の継続」などと、条件が明確な案件もあります。

他方で、売りの意思や条件が不明確な〝ふわふわした〟案件もあります。こうした場合、売り手は「条件がよければ売ってもよいが、そうでなければ誰かに継がせてもよい」などと方針が定まっていなかったり、態度が煮詰まらない状態であったりします。

そうした、不確定要素の多い案件に多大な時間をかけても不発に終わることも多いので、仲介会社やその担当コンサルタントに対しては、冷やかしの案件は持ち込まないように日頃から伝えておくべきです。あるいは他のルートから偶発的に持ち込まれた案件なら、紹介者等を通じて売りの意思や条件をよくよく確認しましょう。そのうえで、自社のビジョンにもマッチしそうなら、交渉を進めればよいでしょう。

案件化する意味とは？

当社では、こうした不明確な売り案件をなくし売買の交渉を実のあるものにするためにも、売り手企業が売りの意思を明確にするに際して、「案件化する」という手順を踏んでいます。

案件化とは、売りの意思を明確にしてもらい、マッチングしそうな買い手を責任をもって紹介するための一つのプロセスです。案件化するにあたっては、売り手企業からは着手金をいただいています。

案件化に際しては、売り手の企業調査・企業評価を丹念に行います。不動産等も時価で評価し、当社のグループ会社である企業評価研究所の約１００名の専門スタッフが売り手企業の株価（つまりＭ＆Ａでの成約金額の目安）を算出します。さらには税務・法務面での問題がないかや簿外債務に類するものがないかなど、初期段階での調査も行います。その結果を買い手にも伝えるからこそ、売り手、買い手双方が安心して交渉のスタートに立てるのです。

ちなみに、当社には売り手の情報を把握・網羅するコンサルタントと、それにマッチングしそうな情報を集めて提案するコンサルタントがそれぞれいます。

コンサルタントには、それぞれ得意なエリアや業種があります。在籍する６００名超のコンサルタントが情報を交換することで、最適なマッチングを提案できるというわけです。

実は、創業当初はこの案件化をしていませんでした。言い換えれば、売り手企業から着手金をいただいていなかったのです。その当時は、たとえトップ面談にこぎつけたとしても、成約率は1～2割でした。これでは売り手、買い手双方にとって無駄が多いと気づかされ、その後、現在のような案件化のスタイルを導入したという経緯があります。

案件化された売り案件しか買い手に紹介しない。このスタイルを確立してからは、成約率は年度などで多少の上下はあるものの、おおむね4～5割と上がり、効果を実感しているところです。

買い手企業の経営陣やM&A担当者の方には、こうした案件化された売り情報、つまり売り手の本気の情報をよく見極めてから、トップ面談やその後の交渉に進むことをお勧めします。

2 トップ面談こそ重要！成功・失敗するトップ面談とは

案件化された売り情報に接した買い手は、仲介会社と提携仲介契約を交わしたうえで、売り手の社長とトップ面談を行います。この時点では、双方とも交渉の事実は極秘です。特に売り手の従業員に情報が出回ってしまうと、M&Aの知識をもたず動揺した従業員が売却に反対して退職していく可能性もあります。そのため、トップ面談は売り買いの当事者と、間に立つ担当コンサルタントの三者間のみで秘密裏に行われます。

場所は当社のオフィスを使ってもらうこともあれば、売り手の会社近くのホテルの一室などを用意します。時には、売り手の会社を買い手の社長が訪ねることもあります。もちろんこの場合、日頃から外部コンサルタント等が頻繁に出入りしていて、買い手社長や仲介会社の人間が不意に訪れても怪しまれない、という条件付きになります。

M&Aは、結婚によくたとえられます。それになぞらえると、この最初のトップ面談は、仲人等が付き添う初回のお見合いにあたるといえるでしょう。既に結婚の意思があることを明らかにした男女が、仲介者の力も借りながら互いの趣味や嗜好、また将来の夢や展望などを語り合います。気が合えば、お付き合いを続けることとなり関係性は発展していきます。

M&Aのトップ面談も同様です。うまく話が弾んで「ぜひ、このお話を進めましょう。ついては細かな条件等を調整しつつ……」となれば、両社は次のステップとして「基本合意契約」を結びます。

基本合意契約は、婚約です。以降は当面、他の買い手と交渉をしないこと〈独占交渉専属契約〉を互いが約束し、次節で述べるDDといったステップに進んでいきます。

トップ面談の重要性と事前、当日の準備とは

最初のお見合いが大切なのと同様に、M&Aにおいてもこのトップ面談が極めて重要です。仮に買い手が十分な資金や統合プランをもっていたとしても、そうした準備や夢を語る前に、ちょっとした態度や話し方が問題となり、売り手の社長に不信感を抱かせたり警戒させたりしてしまうこともあります。

買い手としては、決して「買ってやるんだ」といった言動をしないことです。

特に、買い手の社長が売り手の社長より若い場合はなおさらです。たとえ買い手の企業

図8　トップ面談の準備と面談当日のポイント

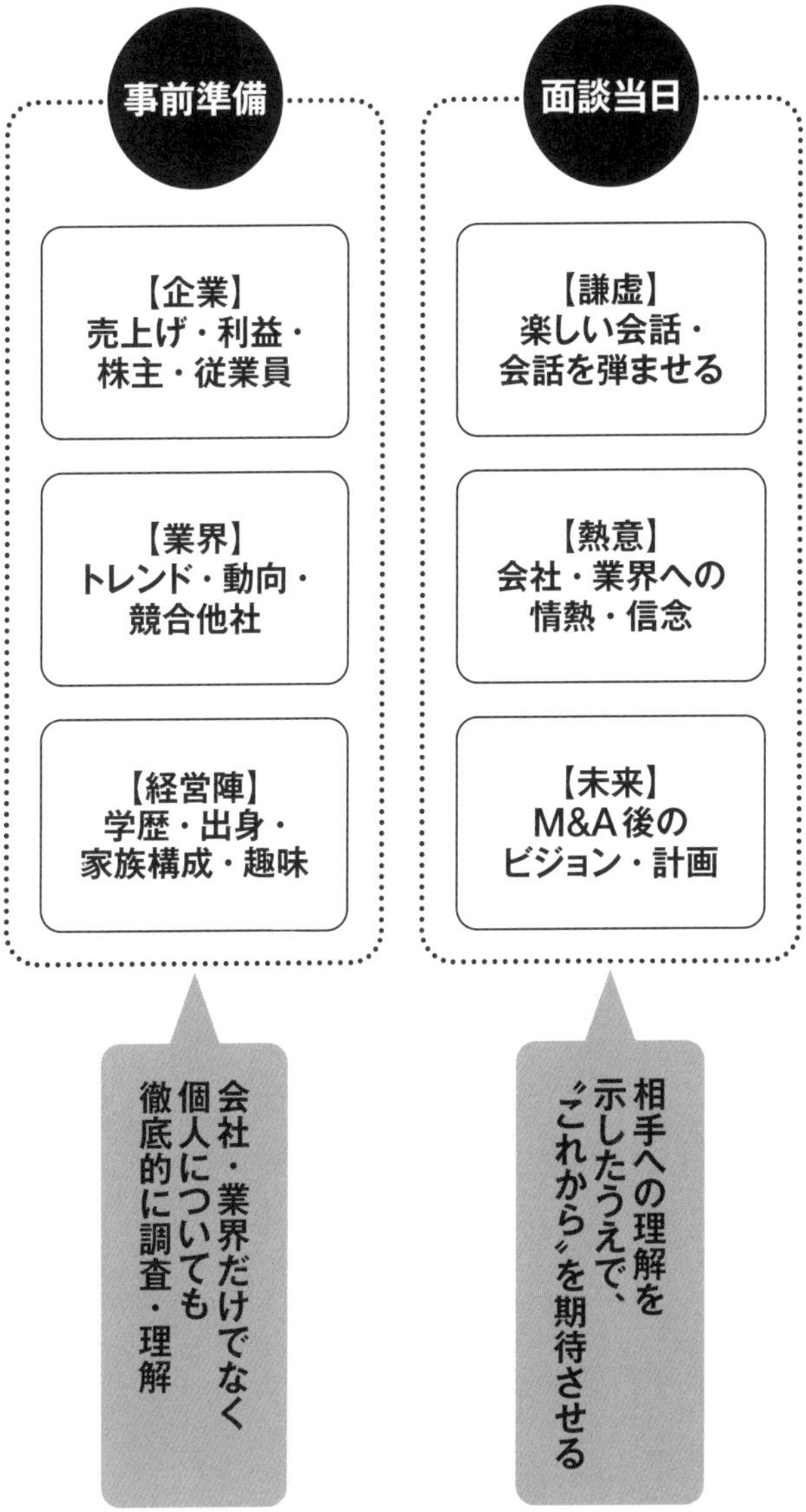
事前準備
【企業】売上げ・利益・株主・従業員
【業界】トレンド・動向・競合他社
【経営陣】学歴・出身・家族構成・趣味
会社・業界だけでなく個人についても徹底的に調査・理解
面談当日
【謙虚】楽しい会話・会話を弾ませる
【熱意】会社・業界への情熱・信念
【未来】M&A後のビジョン・計画
相手への理解を示したうえで、“これから”を期待させる

が大きかろうがブランド力があろうが、場合によっては息子のような年齢の若者に横柄な言動を取られれば気を悪くしてしまうでしょう。

前ページ図8にまとめましたが、事前の準備としては売り手の会社単体、および業界動向、さらには売り手の経営者の出身地や出身校、趣味といったことを丹念に調べていくことです。そして、挨拶や会話の端々にそうした事柄をちりばめ、興味をもってよく調べてくれている、と売り手側に感じてもらえるようにするのです。

また、当日の注意点としてはとにかく謙虚に接し熱意を見せること、そして最大のポイントが「未来の夢」を語ることです。M&Aをすることで、どういう未来が開けるのか？

両社の従業員は、どのように成長できて待遇はどのようによくなるのか？　売り手の社長が手塩にかけてきた会社や商品、従業員を深くリスペクトしたうえで、1＋1を3にも4にもしていきたいという熱い夢を語ってください。それができれば、トップ面談の目的は果たせたも同然です。

ちなみにトップ面談で失敗するケースの代表例が、買い手が売り手に対して質問攻めにしてしまうことです。決して横柄でなくても、次々と質問ばかりが続けば売り手の社長はどう感じるでしょう。トップ面談はあくまで初回の〝お見合い〟であって、調査や査察の場ではありません。もし、お見合いの席で相手から「あなたがおもちの資格はこれで間違

図9　トップ面談で培われる経験値

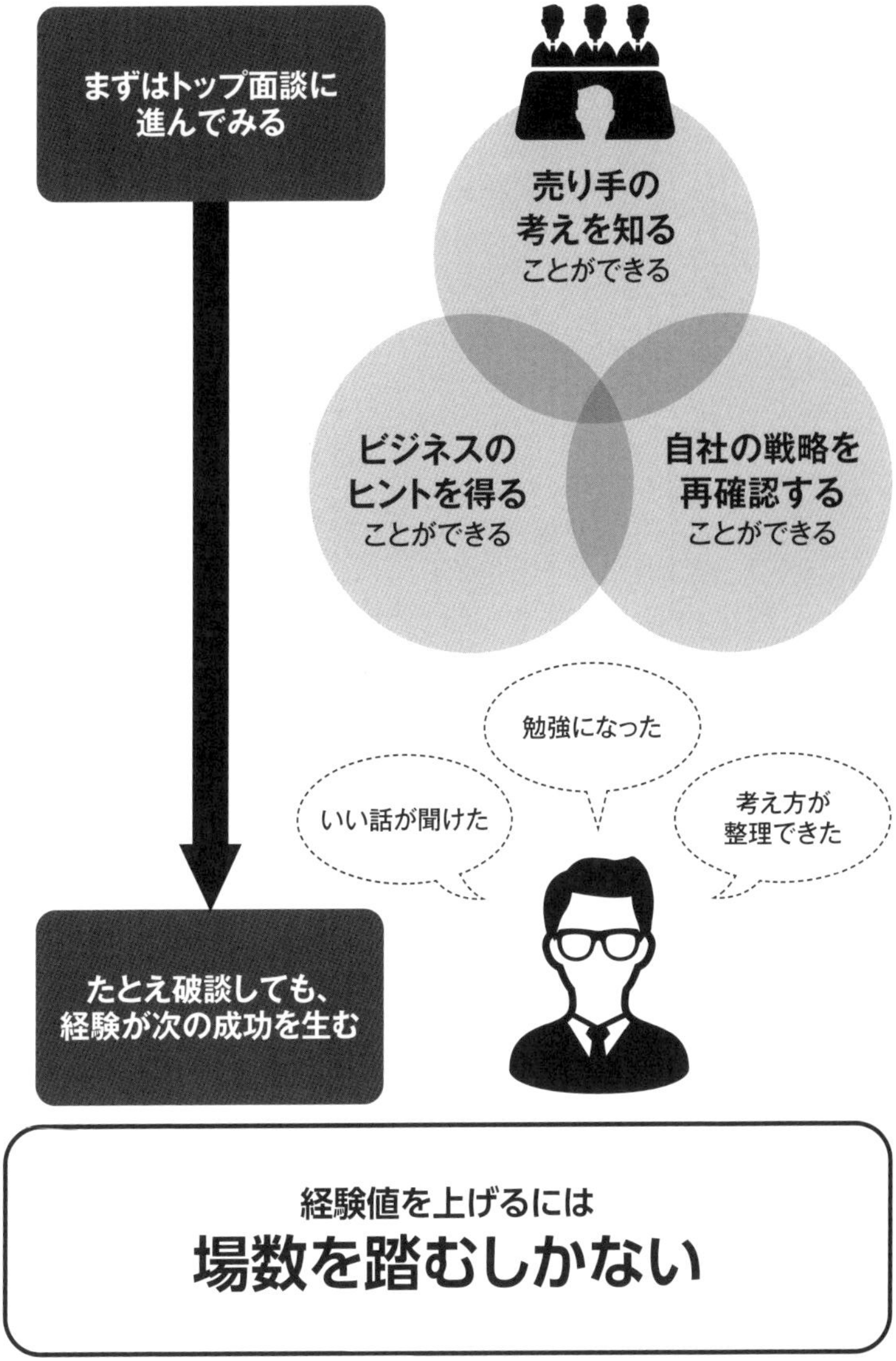
まずはトップ面談に
進んでみる
売り手の
考えを知る
ことができる
ビジネスの
ヒントを得る
ことができる
自社の戦略を
再確認する
ことができる
いい話が聞けた
勉強になった
考え方が
整理できた
たとえ破談しても、
経験が次の成功を生む
経験値を上げるには
場数を踏むしかない

いありませんか」「貯蓄はいくらですか」「財形貯蓄にはいくら積み立てていますか」といった質問が続けば、どうでしょう。そのお見合いは、おそらく破談するでしょう。

相手の気持ちを慮《おもんばか》りつつ誠実な態度で、それでも最低限聞くべきことは聞く。そうした振る舞いが、求められるのです。

トップ面談の経験は決して無駄にはならない

なお、その後のDDといった交渉プロセスの中で、基本合意には漕ぎつけたものの交渉が破談することも珍しくありません。先述したように、案件化された状態でトップ面談を行っても、成約率は半分程度。金額面やその他の条件で、双方が折り合えないこともあると覚悟しておくべきです。

それでも、トップ面談を行うこと自体はけっして無駄にはなりません。こうした経験は、次回以降のM&Aの交渉に活かすこともでき、売り手社長との会話の中で業界の思わぬ可能性や、自社にも活かせそうなビジネスのアイデアをもらえることもあります。トップ面談の回数を重ねるほどM&Aの知見も高まると、理解しておいてください。

3 DD時は売り手に寄り添いつつ「スピード重視」で

基本合意後にディールが本格化し始めます。なかでも重要なのが、買い手側の責任で売り手の会社の財務内容等を調査、確認する「ＤＤ」の作業です。

ＤＤには、大別すると１３１ページ図10のような５項目があります。ＩＴシステムに特化したＤＤなどを別途行うこともあります。ＤＤの実務（調査、監査）を行うのは、財務や税務なら公認会計士資格等をもつ人、法務なら弁護士、不動産なら不動産鑑定士や土地家屋調査士、ビジネス面では経営コンサルタントなどが一般的です。

成約金額の大きい大規模案件や複雑な案件、海外の会社を買収するといった案件の場合は、ＤＤの分野ごとに競争入札のスタイルで外部専門家を指名するようなことも増えているようです。特に買い手が上場企業やその連結子会社の場合、公平性や透明性を保ちたいという思惑も強く、こうした競争入札が行われる場面が増えます。

ＤＤ人材の選び方とは？

時にあるのが、買い手企業が普段から付き合いのある顧問の公認会計士や弁護士を頼りすぎるという失敗です。そうした人たちはもちろん、普段は買い手企業に寄り添う優秀な士業従事者なのですが、事がＭ＆Ａとなると話は別物で、Ｍ＆ＡにおけるＤＤ経験の有無が大きくものをいう世界なのです。

確認すべき事柄が多岐にわたるＤＤは、広く薄く見るのではなく、細分化してそれぞれのプロが慣れた分野を深く的確に見るのが正解です。

なおＤＤにおいても、トップ面談の時と同様、相手を質問攻めにしたり「監査、査察」といった態度を強く出してはいけません。あくまで事実を指摘、確認することです。そして、仮に事前の書類にあった内容との齟齬が見つかっても、売り手を責めるのではなくて、事実を共有します。

不備は最終契約までに売り手企業の責任で正すこともあれば、最終的な成約予定金額等を調整して両社が折り合うこともあります。

中小企業の場合、ＤＤを行った結果、何らかの不具合等が見つかるのは想定内であり、当たり前のことです。必ずしも、売り手に隠す意図があるわけではありません。長年の間に忘れていた資産があったり、勘違いが原因の間違いもあります。買い手としては絶対に

図10　M&Aのリスクを低減するためにも重要なDD

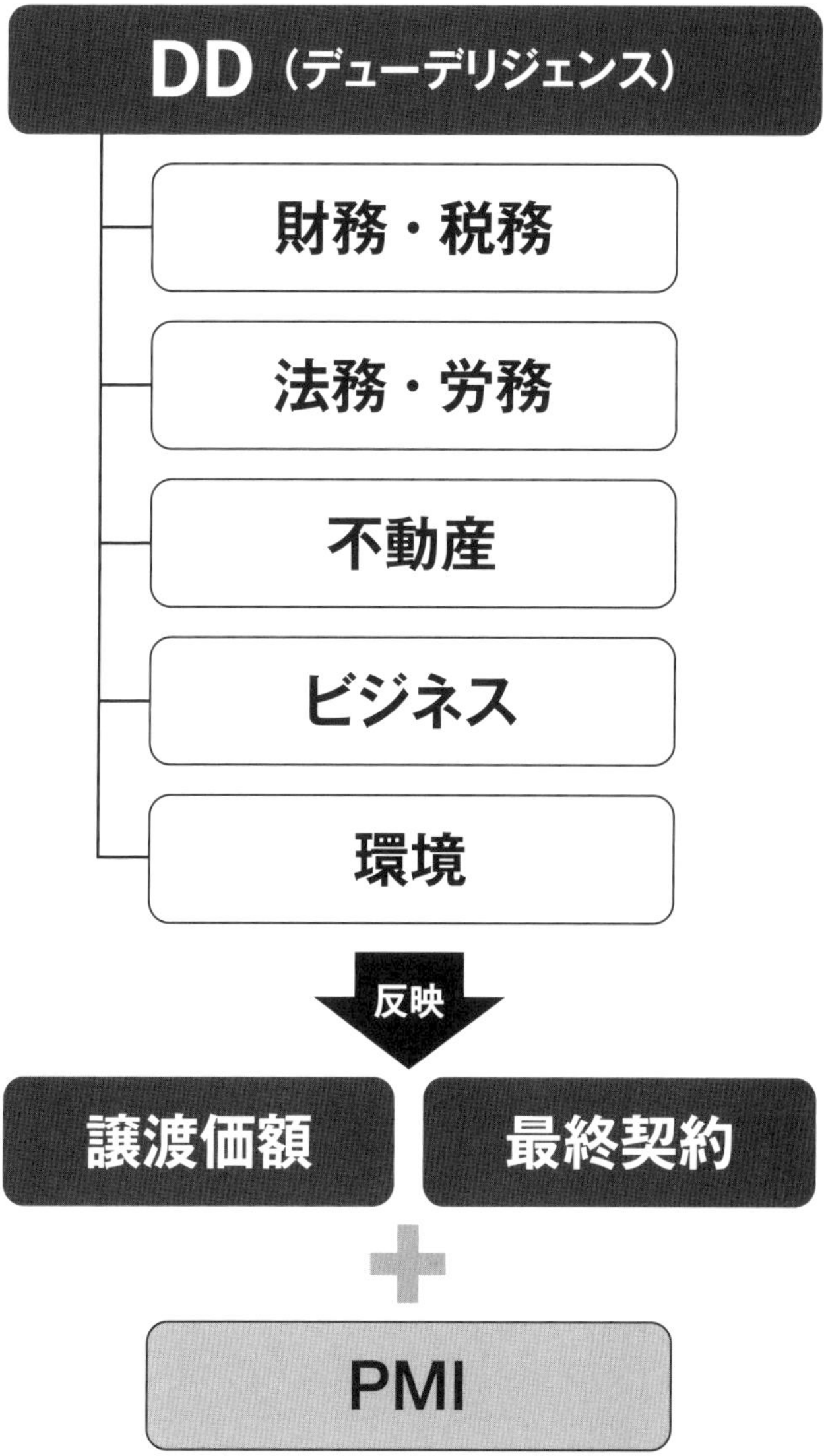

見逃せない点はしっかりと確認をしつつ、短期間で要領よく行うのがＤＤの要諦です。

売り手に寄り添う姿勢を基本に

ＤＤの専門スタッフは、こうしたことをよく熟知しています。そして、売り手の気持ちについても敏感です。たとえ買収のための監査とはいえ、第三者に自社の本社や工場、帳簿類等を細かく調べられるのは誰だって気持ちがよいはずがありません。

そのうえ、私たちの経験則から言えば、次のページ図11のように、売り手と買い手の気持ちはディールの途中から反比例する関係にあります。

売り手は、トップ面談の時点や基本合意の時点では乗り気でバラ色のような気持ちでいます。しかし、ＤＤが始まる前後から一転「マリッジ・ブルー」のような心境に陥ります。一方の買い手は、夢を語って交渉にまで漕ぎつけ、実際にＤＤで調べて間違いがないか大枠を確認してから初めて買いの意思が高まってくるという面があります。お互い立場が違うのですから、これは仕方のないことです。

こうした点をよくわきまえているＤＤ担当者や仲介会社のコンサルタントなら、常に売り手に寄り添ってモチベーションの低下を防ぐよう心掛けます。同時に、できるなら一度決めたら早く売りたいといった売り手の意向も汲みながら、ＤＤをダラダラと長期間行うの

図11　売り手のテンションは買い手と反比例

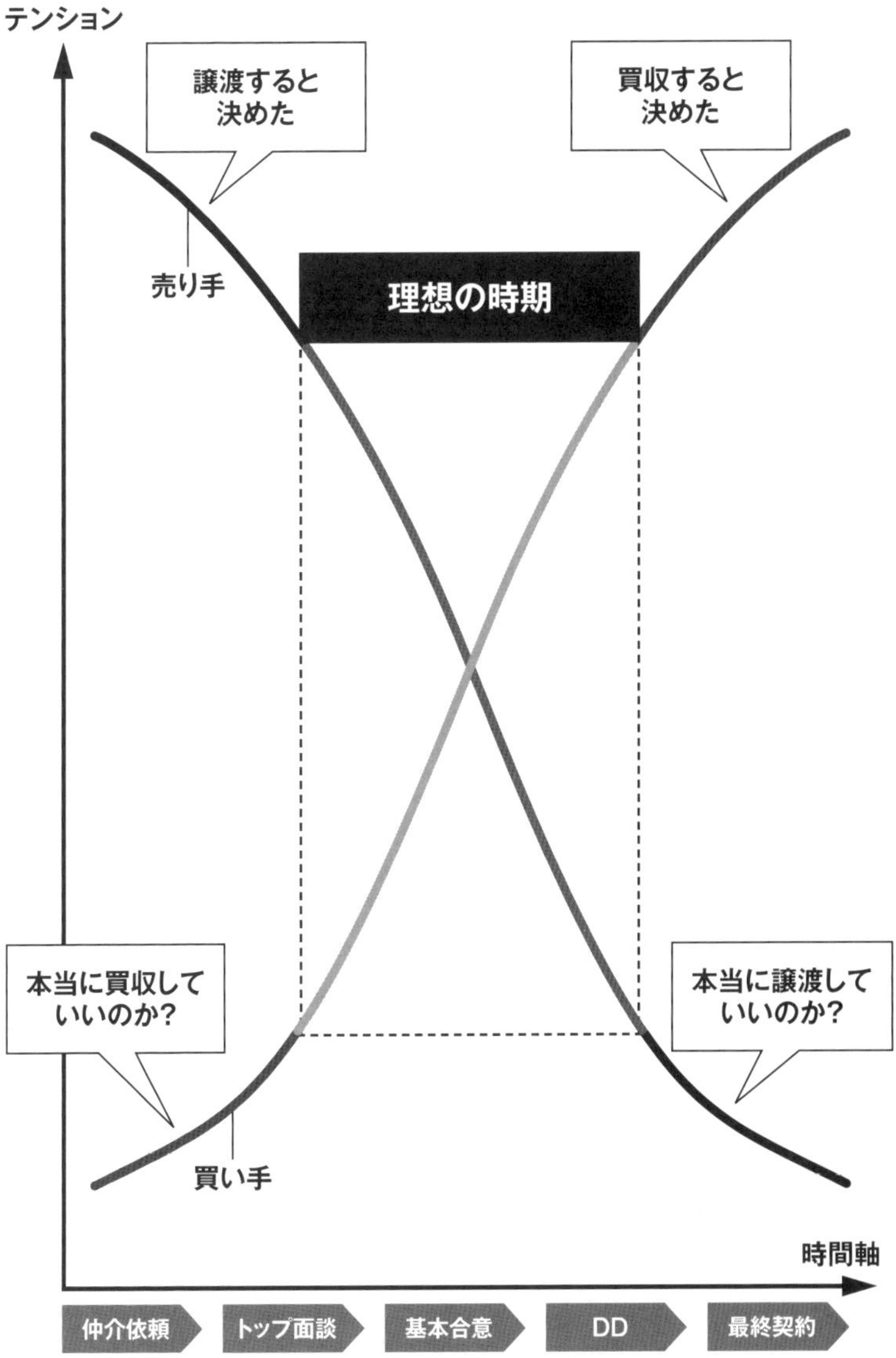

ではなく、メリハリをつけて、資料収集に1～2週間、現地調査に数日、レポート作成に1～2週間」といった具合に期間を区切って要領よく行うのです。DDによほど慣れているのでなければ、コンサルタントや外部のDD専門家を頼るのがよいと思います。

また、DDの際には、外部専門家より「DDレポート」が報告書として提出されます。後述する表明保証保険やM&Aにまつわる補助金申請には必須要件となっているケースも多く、重要性が高まっています。

DDの専門家であれば当たり前ですが、不慣れな専門家だとそもそも報告書自体がなかったり、内容が薄いなどの品質差もあるので注意が必要です。なによりM&A後のPMIでも、論点が明確になるため、このレポートは大きな意味をもちます。

4 早めにPMIの検討を始めておく

DDが無事終了し、最終条件の調整を経て、最終契約が結ばれクロージング（成約金額が買い手から売り手の口座に支払われる）の日でオン・ディールは終了。以降は、PMIという段階、つまりアフター・ディールへと移っていきます。

PMIの目的や進め方、注意点等は次章で述べますが、そうした統合作業は実はクロージングの前段階、DDの時点から、さらに言えばトップ面談の時点から始まっていると考えておくと後々スムーズになります。

137ページ図12に、PMIの検討開始時期と統合成果の関係についてグラフ化しました。グラフを見れば一目瞭然ですが、検討時期が早ければ早いほど統合の成果が高いことがわかります。私たちは経験則から、買い手企業に対しては口を酸っぱくして「PMIはトップ面談時から始まります」ということを伝えています。

売り手社長との会話のなかで、統合のイメージやその際の課題などについて、多かれ少なかれ感じ取れるものがあるはずです。

そうしたイメージを早い段階から担当コンサルタントと共有し、的確な指示や助言を仰ぐべきです。クロージング後に改めて統合プランを練ったり課題解決を図るのではなく、あらかじめ顕在化しそうな課題等を抽出、準備しておくことで結果としてＰＭＩに要する時間や費用を削減することもできます。

慣れないＭ＆Ａでは、目の前のやるべきことにのみ、ついつい目がいきがちかもしれません。しかし同時に、経営者の視点としてＭ＆Ａ全体の流れやクロージング後の統合作業についても、思いを馳せておかなければなりません。

図12　トップ面談の段階からPMIについて考えておく

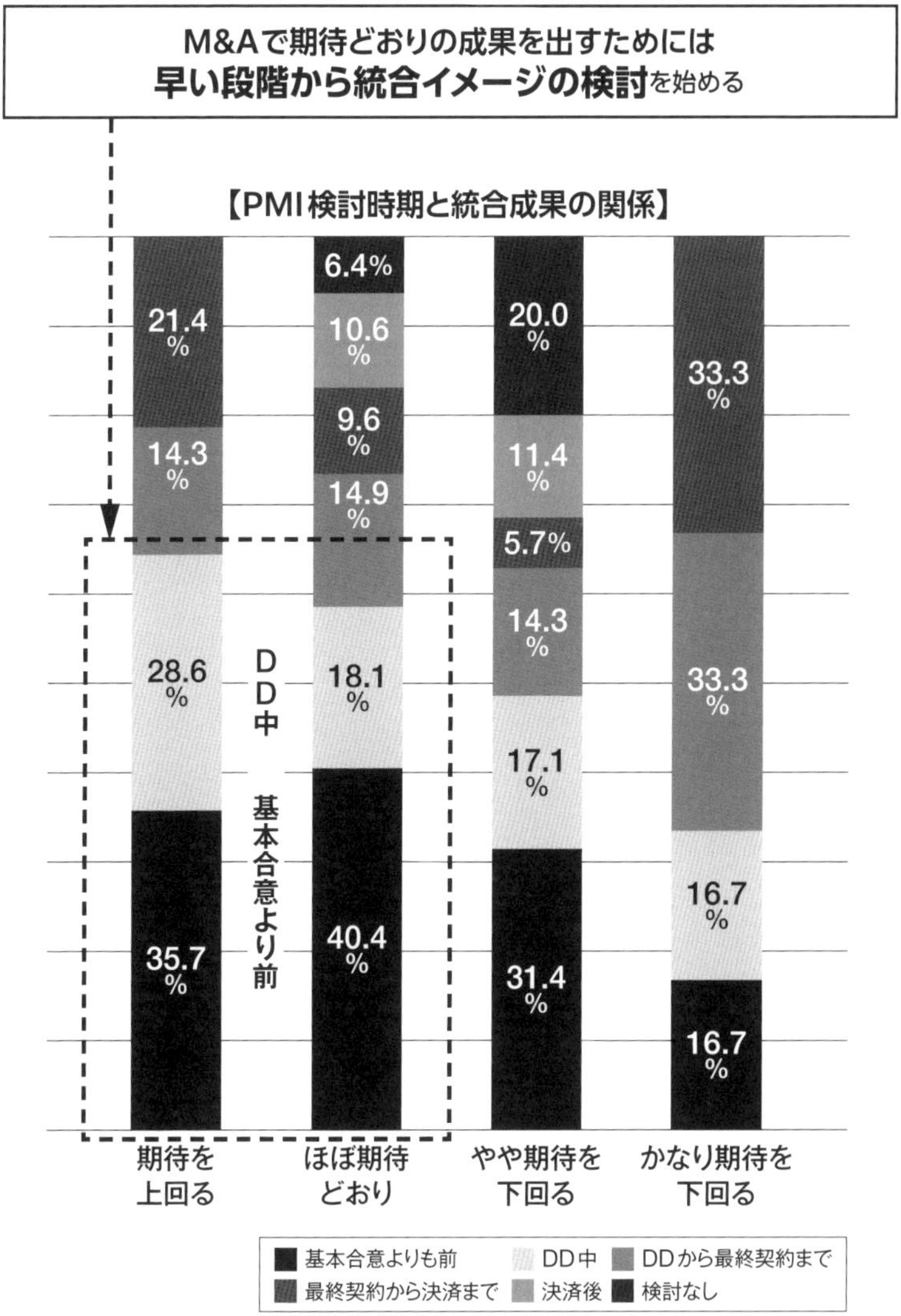

出所：『2020年M&Aの実態調査』（三菱UFJリサーチ&コンサルティング株式会社）

第4章

アフターこそ肝心。M&Aの効果を上げるPMIの手法とは

1 スタートはトップ面談から。早めの準備を心掛ける

どんなによい企業を買収し、クロージングできたとしても、それでM&Aが成功したとはいえません。M&Aの目的は買うことではなく、買収によるシナジー効果を基に成長することだからです。本章では、買収後に実施すべき企業結合、統合のポイントであるPMIについて解説します。

前章の最終節でも述べたように、PMIはDDやさらに前段階のトップ面談から始まっていると考えておくべきです。

DAY1（クロージング終了後の初日。つまりアフター・ディールの初日）から、誰が何を、どのように、どの程度の期間をかけて進めるべきか、またそのための費用はどの程度見積もっておくべきか、といった事柄についてめどをつけておくことが理想です。

私たちは、数々の経験からPMIには統合効果を高めるための手法、セオリーがあると実感しています。逆に言えば、そうした手法やセオリーに反すればPMIは失敗に終わり、

図13　失敗するPMI

自社の「当たり前」を強要する

- 主導権争い
- 買い手企業の〝上から目線〟

「気遣い」という名の放任

- 方針や要望の未発信／遠慮
- 事業に対する理解不足

投資回収への「焦り」

- そもそもの「高値づかみ」
- 拙速な改革、過度のマネジメント

準備不足

- 新社長の候補がいない
- PMIのための予算がない

統合効果を最大化することは叶いません。

前ページ図13に、よくある失敗例をまとめました。

居丈高になって売り手をリスペクトすることを忘れる、焦るあまり拙速に統合を進めようとする、新経営陣といった候補人材の準備不足、また遠慮するあまり放任に近い経営を許してしまう……。こうした事柄が重なれば重なるほど、ＰＭＩは時間も費用もかかり、その割に効果は薄れてしまうのです。

買収後に必要な「統合」「融合」「結合」のプロセス

そもそもＰＭＩとは、Ｍ＆Ａ後に両社の発展を実現するためには必要不可欠なプロセスです。経営面では「統合」を図る。両社の企業文化は「融合」を目指す。そして、人材や固定資産等は「結合」を進めるのです。

前章で、Ｍ＆Ａをお見合いや結婚にたとえました。その流れで述べると、ＰＭＩとは晴れて結婚した両者（両社）が、新たな結婚生活を始めるような状態です。互いの暮らしぶりが独身時代と異なるのは、当たり前です。食事の時間や献立の中身、処分する家具と使い続けたり新たに購入したりする家具、家事の分担、将来子どもができた折には教育方針の確認……。生活の全てにおいて、「統合」「融合」「結合」が必要となります。

図14　トップ面談～DDの間に早めにPMIの大方針を決める

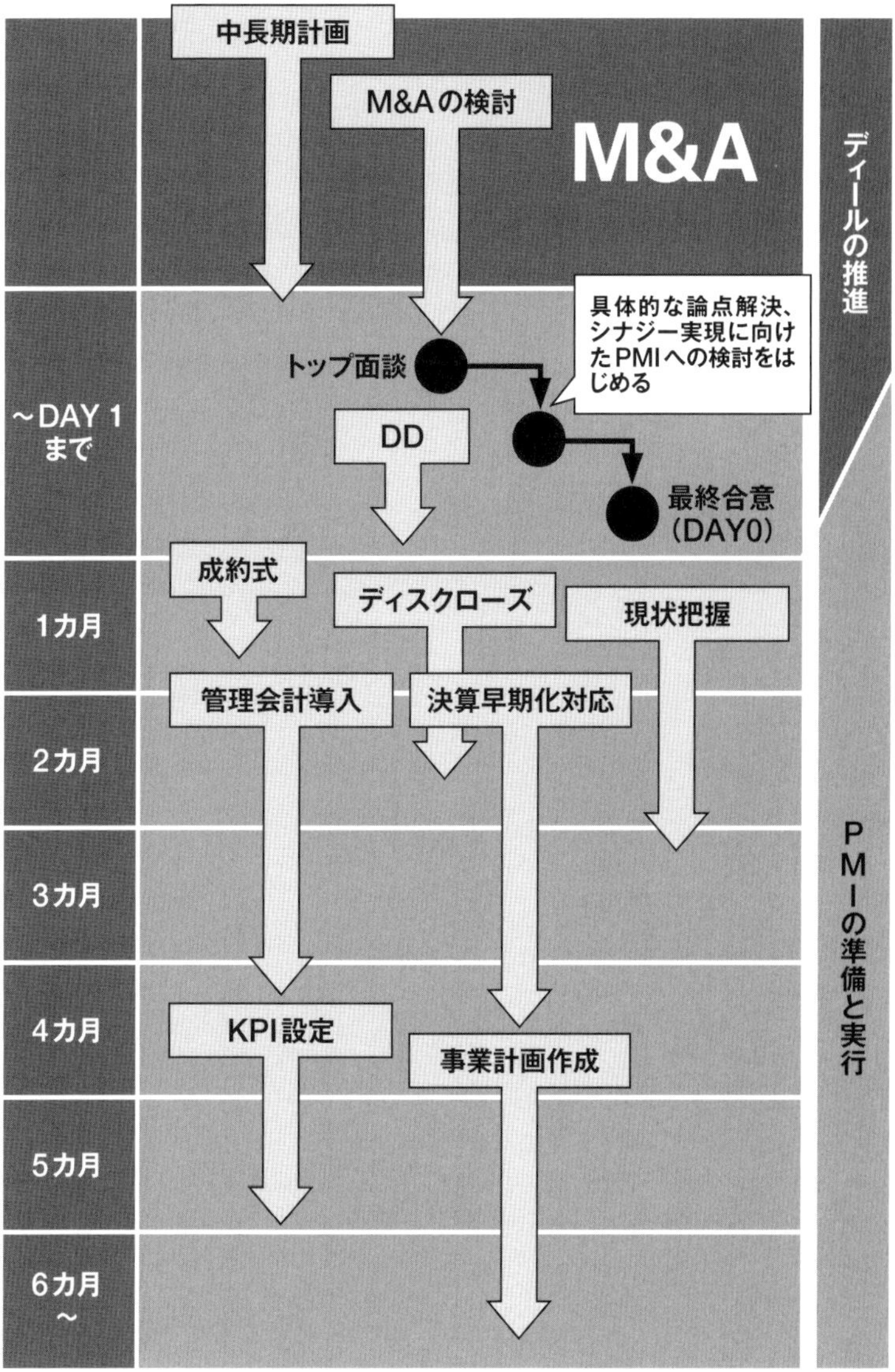

互いがリスペクトしつつ、過度な押し付けや遠慮をせず、かつ、できれば新居に住み始める前から、大きな方針を決めておくことが理想的ということです。互いが使っていたお気に入りのタンスやソファを全て新居に持ち込んでも、設置スペースがなかったり、生活空間が窮屈になるかもしれません。

こうした場合、いずれかを処分することを両者で決めておくのが普通でしょう。妻側がタンスを諦めた場合、夫側はソファを諦めるといったバランス調整や配慮が必要になることもあります。

前ページの図14のように、トップ面談〜DDの間に早めにPMIの大方針を決めていくことが肝要です。細かな微調整はDAY1前にも、あるいはPMIが始まった後でもその都度行えばよいのです。

なお、当社のグループ企業に「PMIコンサルティング」というPMI業務を専門に取り扱う企業があります。当社が仲介した案件で買い手企業が希望する場合はもちろん、ディール自体に当社が関与しなかった案件についても、PMIの業務のみを単独で請け負います。

本章の最終節で述べますが、PMIを全て自力でやろうとするより、全部もしくは一部については外部専門家の力を借りたほうが効率的なことが多いといえます。買い手予備軍の企業としては、アフター・ディールの段階においても外注という手段があることを知っておいてほしいと思います。

2

PMIは「共同作業」。売り手への尊敬と尊厳を忘れない

ＰＭＩを行うのは、統合後の新会社の経営権を握る買い手側です。買い手側の責任においてＰＭＩの大きな方針や実施期間、人員を決めるのですが、その際、注意すべきことがあります。

何度も述べてきましたが、トップ面談やＤＤの際と同じで、売り手である相手企業をリスペクトしなければなりません。相手への尊敬と尊厳を守ることが第一です。そのうえで、互いのカルチャーや企業風土の違いを理解することです。

第一段階では相手を尊敬したうえでよく知ること。続く第二段階では、信頼関係の醸成を図ります。具体的な手法は次節で述べますが、信頼関係構築のためには、まずもって買い手側から売り手に対してビジョンや夢を語りかけることが大切です。

既に述べてきたような「いつまでに年商いくらの企業グループを実現し成長し続ける」「○○の分野で地域ナンバーワン企業となる」といった明確なビジョンを売り手側の全従業

員に熱く語りかけることが必須です。

同時に、これまでの給与体系に上積みが期待できることや、新たなポストに就ける、資格が取得できるといったキャリアアップ、キャリアパス形成についても可能性が広がるというビジョンや夢をアピールするのです。

信頼関係の構築がPMIやその後の社業発展につながる

新たに子会社となる売り手企業には、買い手が残留してほしいと願っているキーパーソンもいれば未知の潜在力を秘めた若手もいます。そうした従業員に夢と希望をもってもらうことができれば、PMIの過半は成功したともいえます。

逆に、ビジョンや夢の提示がないままシステムや制度の変更のみを機械的に告知するようなPMIでは、売り手側の従業員の反感や不安を煽ってしまいます。場合によっては、PMIの実務をないがしろにし、消極的サボタージュのような態度で統合作業に臨む従業員が現れることさえあるのです。

こうした事態を避ける意味でも、PMIの初期に信頼関係を築いたうえで、売り手企業の複数のキーパーソンにもPMIの実務に参加してもらうべきです。特に、売り手側の社長が数カ月程度残留するといった場合は、その前社長には積極的に統合作業に入ってもらうことが肝要です。

なお、M＆Aによる買収の事実を売り手側の従業員に公表する際にも配慮が必要です。次のページ図15に要点を図式化しましたが、初手で失敗するとその後の信頼関係の醸成にも影響が出てしまいます。

私たちから見て、「うまいなあ」と思う買い手経営者に共通しているのが、買収初日に自らが売り手企業を訪問し、ビジョンと夢を熱く語りかけるというスタイルです。中には、専門家や私たちコンサルタントを交えず、売り手企業に単身乗り込んで〝車座〟のような状態で売り手の現場従業員に語りかける社長もいます。

「一人でやってきて、現場の私たち一人ひとりに夢を語ってくれた」

売り手側がこういう思いを抱いてくれたのなら、青天の霹靂の発表であっても、得心がいくはずです。M＆Aの成功法則は数多《あまた》ありますが、結局のところ、「人の心に負う部分が最も大切」ということです。

図15　従業員に発表する際のポイント

安心感と希望を与えるために、
伝えるタイミングや伝え方にはいくつかのセオリーがある

Point 1

金曜日に実施しない

同僚と話す→飲みに行く→家族に相談する→ますます不安になってしまう！

Point 2

根回しをしておく
（発表順も重要）

売り手企業の幹部には事前に説明し、協力を頼んでおく

Point 3

買い手トップや関与する
主要メンバーが参加する

買い手企業のトップ自らが〝両社が発展する未来〟を語りかける

3 ビジョンや夢を形にしていく「100日プラン」

互いをリスペクトしてよく理解し（第一段階）、信頼関係が醸成された（第二段階）後は、いよいよ具体的な「成果を出す」という第三段階に進んでいくこととなります。

この段階では、ビジョンや夢を形にしていくための具体的な計画が必要です。代表的なものが「１００日プラン」のようなアクションプランです。

既に記してきたように、ＰＭＩの構想や準備はトップ面談やＤＤ時など、ディールの中途から、早め早めに行うことが望ましいといえます。あらかじめ抽出しておいた課題について、「いつ、誰が、どのように、いつまでに、いくらの費用をかけて」行うか等々を、具体的な数値目標を示しながらリスト化していきます。

ＰＭＩ開始後は、定期的にそれらの進捗状況を確認しつつ、方向性の修正や追加指示などを臨機応変に行い、万全を期します。

次の見開きページの図16に、１００日プランの概要と細目をまとめました。これらは例示的なものでM&Aの規模や業種、各課題によって細目は変化します。

なお、PMIのリーダーを決めることも大切です。適任者としては、例えば子会社化した会社の経営者候補（買い手企業の役員等）や、買い手企業でPMIの実務や経験に長けた専門部署のリーダー等が挙げられます。

その下に、買い手と売り手からそれぞれPMI実施要員を集め、なおかつ業務引継ぎはAさん、会計課題への対応はBさんなどと、部門別の責任者も明確にしておくのがセオリーです。もちろん、必要に応じて外部の専門家の力を借りることも部門長や全体リーダーの責任において決定します。

目に見える改善、「クイックヒット」を初期から打つこと

図16の実行内容例の中に「クイックヒット」という項目があります。

これは、PMIのできるだけ初期に実施すべき施策の一つで、すぐに効果の出る改善のことを指します。売り手の従業員としては、買い手側のビジョンや夢には共感できたものの「はたして、日常業務に負担が増えないか」「待遇改善をするとは聞いたが、具体的には何がどう変わるのだろう？」などと、不安を覚えているのも事実でしょう。

	実行内容例		
	●業務引継ぎ ・担当業務リスト作成（××会長／××顧問） ・実態把握（社内リソース／業務負荷状況など） ・移管先候補の検討 ・適切な引継ぎタイミング（方法）の検討	●コミュニケーションプラン ・対外的なディスクローズ ・従業員との関係構築	●クイックヒット ・アンケートの内容の設計 ・アンケートの実施および集計 ・施策案の検討
	●マネジメント体制の構築 ・新経営体制 ・管理体制の検討（お金まわり中心）	●会計課題への対応 ・管理会計導入プロセスの検討 ・決算早期化に向けた方針策定 ・経理体制の整備	●コミュニケーションプラン ・マネジメント
シナジー発現のため	●コミュニケーションプラン ・従業員との関係構築	●その他PMI論点 ・中期計画の策定（中長期的なシナジー／採用計画など） ・管理会計の導入 ・KPIの設計 ・経営管理資料の整備 ・人事評価基準／職務分掌の明確化 ・マネジメントフローの構築と運用（人事評価含む） ・キーパーソンの業務引継ぎ	

図16　100日プランの概要と細目

100日プラン	実行内容例	
Day 1~30 【テーマ】 現状把握 ↓ 課題抽出	●M&Aの目的の確認 ・両社における「成功」の定義 ・「成功（成果）」の達成期限および測定方法の確認 ＋ しっかりとしたコミュニケーション（関係構築）	●経営方針 ・シナジー検討
Day 31~60 【テーマ】 課題解決 プラン策定	●経営方針 ・シナジー検討 ・来期方針の共有 ＋ 業務の引継ぎ完了	●業務引継ぎ ・適切な引継ぎタイミング（方法）の検討
Day 61~100 【テーマ】 課題解決 プラン実行	●会計課題への対応 ・管理会計導入プロセスの検討 ・決算早期化に向けた方針策定 ・経理体制の整備　・補助資料の作成 ・新オペレーションでのテストラン ＋ 新体制構築、来期方針決定 →	

そこで、買い手としては比較的早期にかつ安価で実施できる待遇改善策を、できれば矢継ぎ早に実施するのです。代表的な施策としては、社員食堂のメニュー充実や価格を引き下げ、トイレや更衣室を整備してきれいに使いやすくすること、買い手ブランドの制服やグループの名刺を配って一体感を高めてもらうこと、ＰＣ端末を配布してリモートワークの環境を整えること、等々が挙げられます。さらに身近なところでは、給湯設備等が不十分であればウオーターボックス等を設置してお茶やコーヒーを無料で飲めるようにする、洗い場が水しか出なかった環境なら新たにお湯が出るようにする……。こうした痒《かゆ》いところに手が届くクイックヒットを数多く、初期に実施することが大切です。

もちろん、すぐにはできないこと、例えば業績回復を見つつ給与水準を買い手企業と同レベルまで高める約束をする、年間の休日を増やすといった中長期の待遇改善も併せて伝えます。

このように、ＰＭＩには成功法則があります。当社グループが刊行している専門書などもありますので、ＰＭＩの担当者や興味のある人は一読するのもよいでしょう。

4 PMIを内部でやるか外部専門家を頼るかの判断基準とは

大企業間の大型M＆Aや上場企業を含めた大企業が中小企業を買収するM＆Aでは、PMIの実施が必須となっています。

他方、中小企業間のM＆Aにおいては、PMIを全く行わなかったり（そもそも必要性を感じていないケースさえある）、行っても通り一遍のもので、統合の効果があまり生じていないようなケースも散見されます。

ただし、近年はPMIの重要性が中小規模のM＆Aにおいても認知されるようになり、この傾向はますます高まっていくと感じています。

当社の成約案件から見ると、M＆Aによる買収が初めてだったという買い手企業では、7～8割が買収後のPMI作業に不安をもっているというのが現場実感です。

何度か「買い」を経験しているような企業では、少しずつ不安感は減っていく傾向にありますが、それでも統合作業の中身や進捗に不安を覚える買い手側の経営陣は多いのです。

一つの要因として考えられるのは、大企業と異なり中小企業では十分なＰＭＩ資金や期間、人材を準備しにくいことが挙げられます。

だからといって、最低限必要なＰＭＩ費用まで削ってしまうと統合効果が最大化できないことは述べてきたとおりです。「時間を買う」という当初の目論見さえ崩れてしまうこともあります。

そこで、検討すべきは外部専門人材の活用です。日頃から付き合いのある仲介会社のコンサルタントや、ＤＤで知り合った専門人材等に相談することです。目の前の買収案件のみならず、2件目、3件目など今後のＭ＆Ａ案件に関しても、助力を求めることができるでしょう。

ＰＭＩを行う外部専門家も増え、かつＭ＆Ａの規模感に応じてそれぞれ適正な価格で請け負う体制ができつつあります。

つまり、専門家間でも棲み分けが進み、大規模や海外案件ならA社、成約金額が10億円以下の中小案件ならB社、などと依頼内容や金額に応じて選択肢が増えているということです。

外部専門家を頼ったほうがよい四つのケースとは

そうはいっても、中小企業間のＭ＆Ａでは、8～9割の頻度で買い手企業が単独でＰＭＩを行っています。外部専門家を用いる例が増えているのは既述のとおりですが、費用面で対策が打てないこともあるでしょう。なお、Ｍ＆Ａに備える資金調達対策については、最終章で述べます。

私たちもそういう現状をよく理解しつつも、ケースによってはＰＭＩの外注を強く進める場合があります。それが、以下のようなものです。

①初めてのＭ＆Ａである。
②遠隔エリアのＭ＆Ａである。
③異業種企業のＭ＆Ａである。
④買い手が上場企業かその連結子会社で、売り手が非上場の中小企業である。または、上場企業の連結子会社を買収するＭ＆Ａである（買い手は非上場）。

これらのＭ＆Ａでは、経験値がモノをいう側面があります。

①については、買い手自体に経験値がないため、全部ではなくても一部では専門家の助力を仰ぐべきだと考えます。②は、たとえ同業でも遠方の企業を買収するようなケースです。商習慣はわかっているつもりでも、本社や工場は現場に行かないと見えてこない問題

もあります。例えば工場周辺が現状は閑散としていても、宅地造成などで将来賑やかになることもあるでしょう。そうした場合、騒音問題等がクローズアップされることも予見でき、今から対策を講じたほうがよいかもしれません。

③は、商習慣の違いや従業員の気質が買い手にはわかりにくいという点があります。買い手側の常識を押し付けることで、悪気はなくても売り手側の従業員が離反するような心配をしなければなりません。さらに、想定されるシナジー効果やその深度についても、業界の専門家等を交えることで、新たな発見があったりするものです。

④は、「上場企業（連結子会社含む）×非上場企業」の案件です。上場企業やその連結子会社は、言うまでもなく公設市場に株式を公開している性質上、非上場企業よりもていねいで正確な決算、情報開示等が求められます。

また、M&Aを進めるにあたっても、社内の投資委員会や外部取締役等を納得させるだけの計画を緻密に発表しなければなりません。そのため、ディールの初期段階からPMIの計画や準備も公正な第三者である外部専門家を交えて計画します。また買収後も、予想外の減損処理等を行う必要がないように、ていねいなPMIを必要とするのです。こうした事情もあり、上場企業が絡むM&Aでは、PMIの外注が必須ともいえるのです。

なお、全てのPMIを外注する必要はありません。むしろ、社内にいるPMI担当者が全体を目配りしつつ、必要な要素や期間ごとに、それぞれ外部専門家を招聘するというのが基本です。

既に述べた100日プラン（3カ月強）を基本に、おおむね6カ月〜1年程度でPMIの実務は終了するのが一般的です。

その後は、通常の子会社管理へと移行し、必要に応じて何年後かには吸収合併を検討するような場合もあります。

M&A事例

「異業種進出」型M&A
「バリューチェーン」型M&A

人材重視のM&AとPMIで壁を破り拡大、成長路線へ

運輸業

株式会社西和物流

(西和グループ)

M&A実績:5社

DATA

創業:1999年　本社:奈良県磯城郡田原本町　代表取締役:萩原良介

従業員数:60名(グループ12社連結425名)　資本金:1500万円

年商:27億3895万円(グループ連結70億円)

事業内容:一般貨物自動車運送事業、一般貨物自動車取扱事業、倉庫業、産業廃棄物収集運搬業

奈良県に本社を置く西和物流は、萩原良介代表取締役が1999年、高校を卒業後に、幼馴染みの現専務と二人で創業した会社です。本業はトラックによる運輸業、倉庫業、整備業で、直近の単体売上げは約27億円、西和グループ全体(計12社)では約70億円の連結売上

げがあります。

創業以来、東日本大震災やリーマンショックによる不況も乗り越え、一貫して増収増益基調で成長し、2名だった従業員も増え続けていきました。20年近くはこうした成長が続いてきたのですが、転機が訪れたのが2010年代後半ごろ。業界で人材不足が深刻になり、輸送の引き合いや車両はあるものの、ドライバー不足から一部の注文を断らざるを得ない状況になってきたのです。

創業から20年弱の間に、萩原社長は本業の運輸関連を中心に計6社を自力で立ち上げてきました。増加する受注に下請けなども使いながら対応してきたのですが、一種の頭打ち状態に陥ったのです。当時の様子を萩原社長は次のように振り返ります。

「グループ6社での年商が50億円に達したころ、大きな壁に突き当たり悩んでいました。一番の原因は人材不足です。私は常日頃、6社のグループ従業員に『目標はグループ売上150億円だ、それも2030年までには達成する』と口癖のように言ってきました。しかし、このままではこの目標、ビジョンが達成できないのではないか、という不安が脳裏をよぎり、経営の方向転換をしなければと考え始めたのです」

M&Aの活用を転機に再び成長路線へ

自力での事業拡大に限界を感じた同社では、事業成長の柱としてM&A戦略を取り入れます。こうと決めると動きが早いのが、同社の特徴です。私たちとの出会いもあり、その後3年ほどの間に立て続けにM&Aを実施、私たちが仲介した会社を傘下に収め、グループは計12社と、倍増しました。

「最初に買収したのは、本業の川上にあたる倉庫業を営む会社でした。約2000坪の倉庫を手に入れることができ、その後のM&Aによる買収も含めて今では5000坪まで拡大しています。それまでの事業は、品物を引き取りに行き、目的地まで運ぶことが中心でしたが、今ではクライアントの在庫品を自社倉庫で管理し、注文数に応じて運ぶというスタイルに変化しました。ただ運ぶという業態から、物品管理まで含めた利益率の高い業態へと転換できたわけです」（萩原社長）

現在、同社が強みをもつ商品分野はドラッグストアやホームセンター、スーパーマーケットなどで扱われる一般医薬品と衛生用品です。特に西日本では高いシェアがあり、一日あたり最大150台のトラックで西日本から全国各地へ配送できるネットワークをもつまでに至っています。

配送は原則二人態勢でコンプライアンスを遵守

コロナ禍前からのインターネット通販の拡大、さらにはコロナ禍による宅配荷物の増加などもあり、現在、運輸・運送の業界では車両の停止場所確保や荷ほどきの場所確保が大きな課題となっています。

狭い住宅街や商店街、あるいはマンションの前や周辺には車両を停められる場所がないことも多いのが現実です。ドライバーは目的地の近くの停車できる場所に車両を停め、ワゴンや台車に注文の品を載せて小走りで配送するシーンをよく見かけるようになりました。

同社でも、大阪市内などを中心にそうした苦労を体感しているとのこと。駐車違反や停車に対する近隣からの苦情などに対応するために、同社では思い切って配送をワンマンから二人態勢に切り替えています。配送中に車両の移動が求められるような場合は、車両に残っているもう一人がすぐさま対応できるというわけです。

「人件費はかかりますが、法令遵守の意味でも二人態勢を徹底したのはよかったと感じています。ドライバーの不安やストレスを解消することにもなり、従業員の満足度にも貢献しています」（萩原社長）

バリューチェーンの強化から一転して異業種へ！

こうしてバリューチェーンの強化が一巡したタイミングで、同社は思い切って異業種進出を図るM＆Aに取り組みます。具体的には美容、ヘルスケアといった業態への進出です。

私たちが2社を仲介し、いずれも成約に至りました。結果、美容院を中心に14の店舗がグループに入ることとなったのです。売り手となった2社のうち、一つは美容院やその利用者向け専門の化粧品製造も行うメーカーとしての機能を有した美容会社でした。美容院で用いるシャンプーやカラーリング剤を製造する会社が傘下に入ったことで、美容院からの受注に対しても、グループの本業部門が倉庫での在庫管理や配送を担うことでシナジー効果が生まれています。

さらに、計14の美容院店舗はシャワーヘッドなどを扱う企業と代理店契約を結びました。髪を切ったお客さんが帰りがけにシャワーヘッドを注文した場合、やはり同グループの本業部門が配送を担います。

美容分野という、一見本業とはかけ離れた異業種のM＆Aでしたが、倉庫での在庫管理や配送によって本業とも互いにプラスになるシナジー効果が創り出せています。

人材重視、健康管理の一環としてのM&A

そもそも同社が美容やヘルスケア分野に進出した背景には、創業以来の人材重視の姿勢がありました。

「創業から24年になりますが、当初から辞めずに残ってくれている10名ほどの従業員がいます。比較的人の移動が多い業界にあって、この従業員たちには、感謝してもしきれません。また、長時間の配送が業務となる仕事では、ドライバーの健康管理は大きな課題です。健康にプラスしてオシャレにも気を使ってもらい、元気な姿で家庭に帰っていってほしい。そうした願いから美容やヘルスケアの分野にも進出しました」（萩原社長）

現在では、同社グループ12社で計４２５名の従業員がいますが、そのうち美容やヘルスケア関連だけで85名を数えます。また、美容の14店舗のうちの1店は、フィットネスジム（24時間営業）を併設。ヨガなども行っています。

同社グループの全従業員とその家族は、現在これら14店舗を2割引きで利用することができます。一種の福利厚生であり、同時に「健康とオシャレにも配慮している運送会社」ということで、本業のリクルーティングやブランディングにも資するＭ＆Ａだったことがわかります。

こうして人を重視してきた同社では、最近までほとんど全ての人材獲得は「ドライバーなどからの紹介」によるものでした。さすがに今は規模が大きくなり募集もかけていますが、ここまでの成長が叶えられたのも、「人材重視」の姿勢があればこそ、とM&Aの専門家から見ても思わされます。既に述べたように、「従業員だけが欲しい」といった独りよがりの姿勢では、トップ面談に何回臨んでも売り手の心には刺さりません。また仮に成約しても、売り手側の人をリスペクトする姿勢がなければ、せっかくの人材が離反してしまうのです。

既にいる従業員はもちろん、新たに傘下に入る従業員たちもリスペクトする。こうした態度はM&Aの基本中の基本といえます。

さらなるシナジー効果を求めて

最後に同社が行ったM&Aは、本業の周辺を強化するバリューチェーン型の買収でした。本業の川下にあたる、トラックなどの整備に長けた整備関連会社を買収したのです。

それまで主に外注していた車両整備を内製化することに成功しただけでなく、「木曜に整備を依頼しても、現場での人材不足から週明けの月曜までかかることもしばしばだった」と萩原社長が嘆いていた車両整備の問題が、大きく改善したのです。というのも、グループ内に整備会社があることで、依頼の翌日には原則、仕上げるという体制を構築できたからです。

車両整備の効率化は、そのまま配送の効率アップに直結します。先述の美容関連店舗からの配送依頼も同様です。こうしてグループ内の相互のシナジー効果は増していったのでした。

現在、同社が描いている新事業は、運輸＋美容の効果による「訪問美容」というスタイルです。実は一部のボランティアや小規模事業主によって訪問美容は既に行われていますが、エリアも関わる人員もごく限られたものでしかありません。萩原社長は、M＆Aによるシナジー効果で一種の社会貢献を実現するビジネスを練っています。

「整備会社と美容関連会社のスキルを利用して、車内を美容院にした専用車両を製作できないか、と考えています。水回りを含めて美容処置ができる座席や用具一式を搭載したようなクルマをイメージしています」（萩原社長）

これが実現すれば、おそらく国内初の〝ヘアエステカー〟が誕生し、グループホームなどにいる高齢者や近くに美容院がない地域などで、新たなニーズを掘り起こせるかもしれません。グループ売上150億円という目標への一つが、こうしたアイデアなのです。

基本に忠実なPMIで人と向き合う

萩原社長は、PMIについても、人材重視という基本に基づいて忠実に向き合ってきました。その効果もあって、M＆Aによる離職はこれまでのところゼロという好結果を生んでいます。

「初めてM&Aを行った際、クロージング後に先方の会社を訪れた時は不安しかなかったことを覚えています。しかし、その時から『（PMIでの）最初の訪問は、必ず自分ひとりで』、というやり方を貫いてきました。他の幹部やコンサルタント、士業の専門家は誰一人連れていきません。そして、代表として『売上150億円』といった夢を語ります。また、社歴の古い会社などもM&Aをしてきたことから、歴史やブランド、人をリスペクトしていることを私の口から直に伝えるようにしています。こうした姿勢を評価していただいているのか、突然の買収発表であっても、皆さんが働き続けてくれています」（萩原社長）

萩原社長はまた、従業員から発せられる不安や疑問にも真摯に対応してきました。そして、「ウチのルールのなかで、存分に暴れてください」ということを伝えているそうです。なお、財務関係などの統合に際しては、拙速な統合処理が逆効果にならないよう、1年間ほどかけてグループのやり方に寄せていくという辛抱強い姿勢も意識しています。

150億円達成に向けたさらなるM&Aの絵図とは？

こうした「人を大切にする」という原理原則に忠実なPMIの効果もあり、先述のようにM&Aによる離職率ゼロを実現。萩原社長がビジョンを語るなかで、売り手企業の70代、

80代の社長が、40代半ばの萩原社長に「息子に会社を譲るような気持ち」になってくれることもあったと言います。また、売上150億円に共感し、達成するまでは経営を続けたいと、引き続き経営に携わっている売り手側の社長もいます。同グループは、こうした現場の希望も可能な限り容認しています。

なお、経理方式やガバナンスの周知徹底といったPMIの実務的な作業は、私たち日本M&AセンターとそのグループであるPMIコンサルティングが担いました。本業や次の一手のアイデア出しに多忙な萩原社長は、一人で乗り込み、夢を語り合うといった経営者にしかできないことをしっかりとやり、その他の実務は私たちのような専門家に委ねるというスタンスでPMIに成功してきました。

「日本PMIコンサルティングの皆さんがPMIの実務を担当してくれたことで、負担が減りました。また、私の口からは直接売り手さんに言いにくい話に際しても、担当コンサルタントが間に入って潤滑油のように機能してもらえたことも助かった点です。PMIを自力で行えるような大手企業は別かもしれませんが、そうでない場合はPMIのコンサルティング費用を出し渋ってはいけないと思います」（萩原社長）

同社では2030年のグループ売上150億円に向けて、新たな業態への進出やさらなるM&Aを視野に入れています。

「2022年度3月期には売上げがさらに増え80億円程度、さらに来期23年度で100億円に近づくと踏んでいます。その後の7年間でさらに50億円を積み増すために現在、熊本にある拠点をさらに強める意味で倉庫を新設したいと考えています。ほかにも、美容やヘルスケアの分野をさらに強化して、美容形成という医療分野への進出や、今後も続く人材不足解消のため、人材派遣業にも進出したいと考えています」（萩原社長）

現在、九州への配送にも強みをもつ同社ですが、関西や関東から運ぶ荷物が10とした場合、その帰路、九州から関西や関東に運ぶ荷物は2ほどしかないということです。帰路の空いたスペースはいわば空気を運んでいるわけで、その強化のためにも拠点の強化を検討しているのです。

また人材派遣や美容形成については、本業やM&Aでグループに入った美容関連業の強化やシナジー効果アップを目指しています。今後も必要に応じて、倉庫会社や人材派遣会社、また医療法人などのM&Aを実施する場面があるかもしれません。

150億円達成に向けた挑戦が続きます。

M&A事例

「コングロマリット」型M&A

社員のやる気を引き出す「ティール組織」で統合に成功

サービス業、小売業

HOLIS（ホーリス）株式会社

M&A実績：5社

DATA
創業：2004年　本社：愛知県豊明市　代表取締役社長：片桐拓也
従業員数：423名（社員226名、パート・アルバイト197名）※グループ全体
資本金：1000万円　年商：約68億円　※グループ全体
事業内容：中古ゴルフ用具の買取・販売、貸衣裳、ブライダル、こども写真館、質屋、リサイクルショップ、書店、宅配買取事業、二次会・イベント・ゴルフコンペ景品、結婚相談所、訪問治療院、結婚式ムービー制作など

名古屋市内を中心に、中部地方に10社の企業、27の業態、68の店舗運営（以上2022年12月現在）を展開するユニークな会社がHOLISです。現在、グループ全体での売上げは約

68億円。ゴルフコンペ用の景品販売やゴルフ用具の買取り、結婚相談所や貸衣装、写真館といったブライダル関連、訪問治療院などを運営するサービスと小売りの会社です。

同社代表の片桐拓也さんは、M＆Aを積極的に行い愛知県や中部圏で小売り、EC、サービスの分野で業態や店舗規模を拡大してきました。コングロマリット型のM＆Aを重ねてきましたが、アフターM＆AにおけるPMIの進め方について、大変ユニークなシステムを用いて成功しています。

ティール組織とは？

2018年の11月、同社はグループ全体に「ティール組織」という仕組みを導入しました。同年1月に刊行された『ティール組織』（フレデリック・ラルー著、英治出版）などに刺激を受け、マネジメントの常識を覆すその手法を取り入れたのです。

ティール組織とは、いわゆる上意下達のピラミッド型組織とは対照的なフラットな組織のことを指します。例えば、多くの既存の企業組織と比べた場合、以下のような違いが特徴として挙げられます。

・社員一人ひとりが、誰でもどんな内容でも意思決定ができる。

・役職や組織階層（上司・部下）がない。
・購買と投資について原則、誰でもいくらでも使うことができる。
・財務や報酬など、あらゆる情報がオープンになっている。
・営業会議・経営会議がない。
・予算、経営計画書がない。

前掲書では、こうした変化を段階的に導入することを推奨していますが、同社のケースでは原則として一挙に全てを導入、組織のマネジメントやスタッフの働き方をがらりと変えたのでした。

片桐社長は、「当社の場合は役職の廃止もお金の見える化もいっぺんにやらないとうまくいかないように思えました。誰かが何かをやりたいと手をあげても合議制が残っていたら決まらない。『自由にチャレンジしていいですよ』と言われても、会社にいくらお金があるかわからなければ思い切ったチャレンジができない。だから、お金の見える化も提案や助言の制度も、思い切って全部いっぺんに導入した」（同社ホームページより。以下同）と当時を振り返ります。

同社はティール組織の導入と併せて、「なくなるもの」を全社員に伝えました。具体的には、役職、組織階層、営業会議、経営会議、経営理念、評価制度、稟議書、当期目標、予算……

などです。

社員の自主性が育まれ生き生きと働きだす

ティール組織の導入後、「事業を増やし、サービスを増やし、お客様の喜びを増やし続ける」というグループポリシーのみが全スタッフに共有され、その目標のために自主性をもち自分たちで考え、スピード感をもって判断して、予算も自ら決めて実行するという体制が次第に整えられていきました。

また、社員（アルバイトやOBを含む）は、10万円単位で会社に自由に社内預金をすることができ（引き出しも自由）、その割合に応じて四半期に一度、分配金を受け取れる制度も導入され、「最初に出資したから」というオーナー社長の特権をも希薄化しました。導入後すぐに、1億円を超える社員からの社内預金が集まったということです。

日常の金銭の出納に関しても、①利益口座、②オーナー口座、③法人税口座、④経費口座、⑤銀行への返済口座の5つに集約され、社員は誰でも全ての残高を確認できます。なお、各口座へ振り分ける割合はあらかじめ決まっています。

また、④経費口座は社員が自主的に自由にコントロールできます。何をいくらで仕入れるか、必要な研修があれば誰がいくらでそれを受けるか、広告費にいくら使うか……などをグループ各社や店舗のスタッフが知恵を出し合いながら（これまでの会議による合議制ではなく）自主的に判断し実行します。

ユニークなのは、④の経費口座は、四半期ごとに余った金額があればその4分の1ずつを社員で分配する、という取り決めがあることです。そのため、掛け声倒れに終わりがちだった経費削減や有効な投資が自然と行われ、社員たちの満足度も向上。ティール組織導入前には、アルバイトも含めて15％平均だった離職率は、導入後には限りなくゼロに近い水準で推移しているのです。

M&A後のPMIとも親和性が高いティール組織

当社では同社に3案件を仲介し、いずれも成約しました。1件目が名古屋市にあるフォトスタジオ（3店舗運営）です。同社のブライダル事業と親和性が高く、M&A実施後は売り手の社長が退任してティール組織に変更されました。

コロナ禍で逆風の市場環境にもさらされましたが、離職率は非常に低くPMIがとてもうまくいっています。スタッフは自律的に成長していて、待遇が以前よりもよくなりました。買収後1カ月ほどは前社長が業務の引き継ぎなどで関わっていましたが、その後は以前のスタッフのままで自走できています。

2件目は、結婚式の動画制作サービスを安価に手掛ける会社です。同社のブライダル関連事業（写真館や貸衣装・結婚相談所など）とユーザーが重複し、相乗効果が見込めることから買収を実施したものです。こちらもM&A実施後は、ティール組織を導入。先の例と異なり、オーナーがそのまま残り、非常にうまく回っています。

売り手の元オーナーは、新たにSEO（検索エンジンの最適化）関連の会社を立ち上げたりもしましたが、買い手の同社はそうした動きも一種の投資と容認。自由度の高い組織になっていることがわかります。

3件目は、三重県に展開中の地域密着型総合リユースショップ。衣料品、ブランド品、家電、家具をはじめ雑貨、おもちゃ、楽器等のリサイクルショップを三重県内に5店舗を展開、ECでの販売も行います。

ティール組織は人材不足の時代の救世主となるか

代表の片桐社長は、「私はHOLISの代表ですが、HOLISは私の会社ではない。そこで働く全員のもの」と言います。M&Aを通じて事業を大きくしてきましたが、売り手の会社の事業内容を尊重し、仕事の進め方やスタッフの雇用、屋号なども原則全てそのまま引き継ぐスタイルで臨んできました。

「そもそもM&Aの対象になるのは、私たちがやりたくてもできなかった事業を実現している会社。その事業の運営方法やノウハウについては、私よりよっぽどよく知っています。だから、経営にはほとんど口を出しません」というのが片桐流M&Aの神髄です。

述べてきたように、ティール組織は社員一人ひとりの自主性を尊重し、一人ひとりが自主経営を行う組織です。そのため、現場の社員はやりがいを見出し、社員満足度の向上にも資するのです。

今では、同社の27業態のうち、片桐社長が立ち上げた事業は約半分になったということです。言うまでもなく、残る半分は全てM&Aで譲り受けたものです。「私の存在はますます薄くなっています。しかし、それはいいことと自認しています。誰もが私の許可や判断を仰がずに仕事を進めてくれます。店舗の出店や撤退という大きな判断でもそれは同じです」。

売り手の会社にとっても、ティール組織はスタッフの雇用や受け継いできたブランドを守ってくれます。「買い手と売り手」といった優劣や親会社と子会社間での待遇の違いなどに不満を感じることもありません。工夫、努力して結果が出れば報われる。それがティール組織のよさともいえるでしょう。

人材不足時代の新たな働き方として、またM&A後のPMIを成功させるための手法として、ティール組織への関心は高まっていくはずです。

第5章

ストラテジック・バイヤーによる連続M&Aと海外M&A

1 M&Aの回数を重ねるほど、確実に経験値は上がっていく

本章では、成長のための手段であるM&Aの効果を高める連続M&Aと、新たな販路や仕入れ先、人材獲得を視野に入れた海外M&Aについて見ていきます。いわば応用編ともいえる本章ですが、基本的な考え方や交渉時の留意点等は、これまで述べてきたことと同じです。

私たちが仲介してきた様々な買い手企業を見てきて感じるのは、M&Aによる買収の回数を重ねれば重ねるほど、統合の効果や満足度は高まっていくということです。

こうしたことを体験、実感として知っている買い手企業は、「買わないリスク」を重視します。仮に望んでいた条件に足りない部分があったとしても、売り手の対象企業が「単独で良い企業」なら、見送るのではなくて前に進むべし、つまり買収すべきだという発想です。

私たちでは、こうしたM&Aに積極的なヘビーユーザー、リピーター企業のことを「ス

トラテジック・バイヤー」などと称しています。M&Aを成長戦略の手段と捉え、常にアンテナを張っています。

ファンドを参考にして売りを経験するのもよい

昨今、大企業のみならず中堅・中小企業のM&A案件においても買い手として存在感を増しているのがPE（プライベート・エクイティ）ファンドです。国内外の様々なファンドが買いの名乗りを上げています。そうしたファンドは、経営のプロとして、買収した企業を数年で成長軌道に乗せます。あるいは、より中長期の視点を有して買収した企業の株式を上場させるシナリオを描いたりもします。

買い手としてはドライでシビアな面もあるファンドですが、彼ら現場担当者の姿勢には参考にすべき面が非常に多いと感じています。難しい専門用語や資料を武器にすると思う方も多いかもしれませんが、むしろ逆です。特に売り手にはわかりやすい言葉で語りかけ、安心感を醸成します。DDの実務等でも必要な作業と不必要な作業を経験等から峻別し、売り手に過剰な負担や心配をかけません。

ファンドの担当者は、トップ面談も含めて相手に寄り添う姿勢が徹底されています。恋愛やお見合いで、相手に自らのことを〝惚れさせる〟技術が並大抵ではないのです。付き合いのあるM&Aコンサルタント等に、そうしたファンドのことを聞いてみるのもいい勉強になるでしょう。

また視点を変えれば、買収をリピートするだけではなく、自社の成長ビジョンと照らして必要とあれば「売り」を経験するのもよいと思います。

不必要となった事業部門の一部や子会社の一つを、M&Aで売却するのです。売り手としての立場を経験することで、例えば「この買い手は人心掌握が素晴らしい」「立場が逆なら、この点は時間をかけて説明するのだが……」といった様々な気づきを得られるでしょう。

2 買収案件数が増えると「期待の成果」が上がる

前節で述べた複数回M&Aの成果率アップは、数値にも表れています。185ページの図17に、中小企業庁の発表データに基づいて当社で作成したグラフを載せました。

これを見れば一目瞭然ですが、1～2回の買収経験のある企業では統合成果が45％にとどまるのに対して、6回を超える経験のあるストラテジック・バイヤーでは80％と、2倍近くに上っていることがわかります。

こうした相関性は、やはり経験値の蓄積に裏打ちされてのものといえます。既に述べてきたように、仮に破談になってもトップ面談を繰り返すこと、リスクよりメリットを重視し条件が完全に一致しない企業でも、単独で見てよい企業なら買収に踏み切ること、また初回や2回目のDDやPMIで心残りがあった部分を反省し、3回目以降の実務に活かしていく……。こうした経験を積み重ねていくことで、売り手の人心を掌握して統合効果を高めていくことができるのです。

繰り返しになりますが、1回や2回のM&Aで自社のビジョンを全て満たせると考えないことです。

M&Aは、成長を勝ち取るための手段の一つです。

成長戦略を具体化した自社のビジョンをジグソーパズルのピースにたとえると、一度のM&Aは一つのピースにすぎず、全ての空白を埋めることなどできないのです。仮にいくつものピースを埋めるような理想的な売り手が現れるとしても5年後、10年後かもしれない。また、そうした売り案件は競争が激しく、指をくわえて眺め続けているだけの買い手の前には現れず、内々に取引されたりするのです。

仮に空白のピースが20個あれば、一度に20個埋めようと考えるのではなく、3個平均でもいいので7回M&Aを繰り返すことです。そして、1回ごとに成長の階段を確実に上っていくのです。

ストラテジック・バイヤーを目指して、統合効果を高めていってください。

図17　買収回数と統合成果の関係

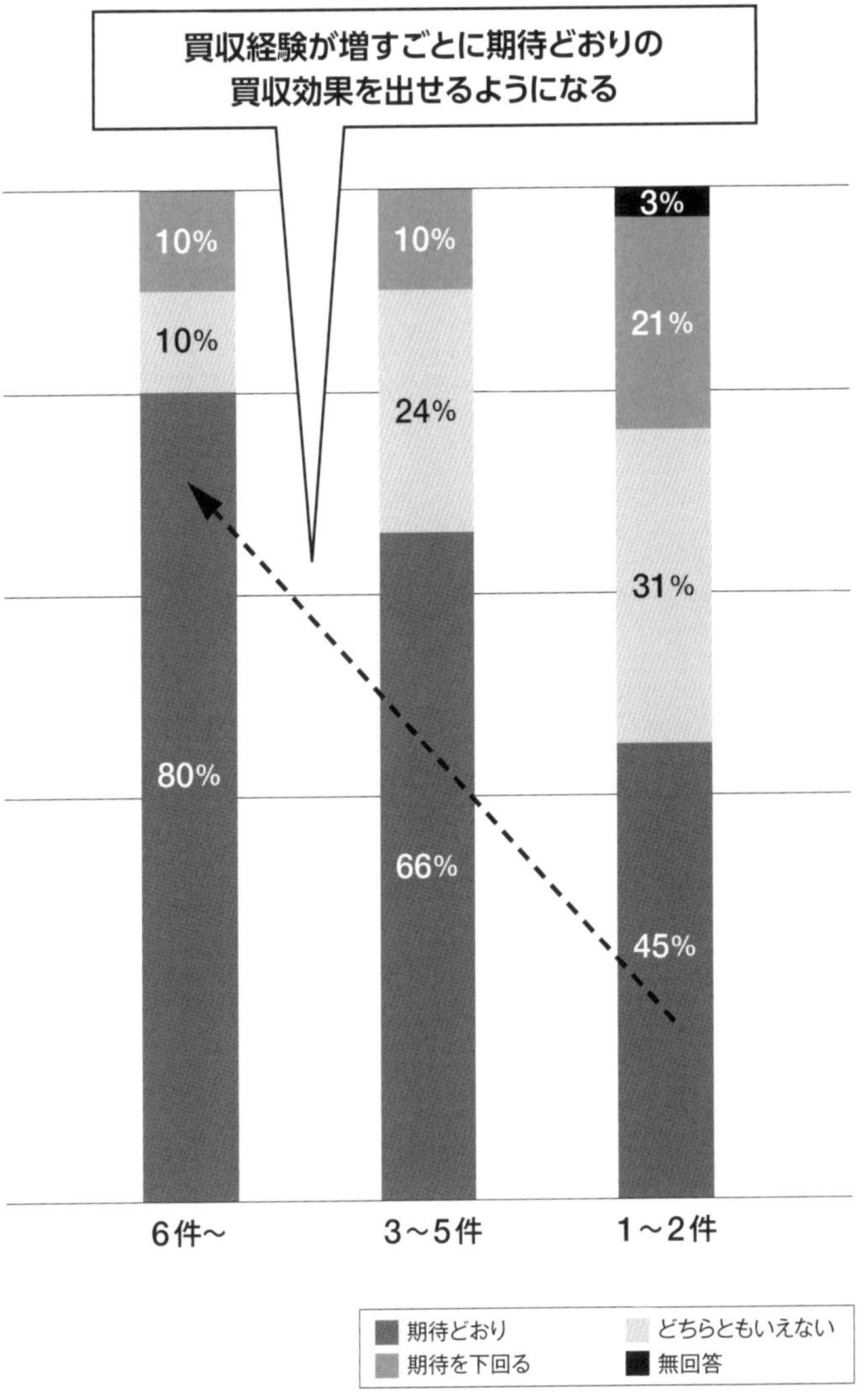

出所：2021年版『中小企業白書』（中小企業庁）を基に日本M&Aセンターで作成

3 ＡＳＥＡＮ地域でも仲介を行う態勢を強化中

当社では、年々高まるＡＳＥＡＮ地域の海外Ｍ＆Ａを強化すべく、東南アジア5カ国に現地法人や駐在員事務所の拠点を設けてきました。

域内のハブともいえるシンガポールでは、２０１６年にオフィスを開設し２０２１年に法人化、２０２２年1月から現地法人としての営業を開始。インドネシア駐在員事務所は２０１９年に開設。ベトナムに現地法人、マレーシアには駐在員事務所を２０２０年に開設。タイ駐在員事務所は２０２１年の開設です。

本書の各章や実例紹介のページでも述べてきましたが、海外Ｍ＆Ａの目的は様々です。サプライチェーン強化のために素材等の仕入れ先として期待することもあれば、販路や物流の拠点として現地進出を図ることもあります。

近年、ニーズやご相談が増えているのが、人材獲得を主眼としたＭ＆Ａです。例えば製造業の企業が、現地の設備や素材というよりも、若くて勤勉かつ国内より低い賃金で働いてくれる現地労働者を求めてＭ＆Ａを検討するのです。

東アジアから東南アジアは人口のパイも大きいうえに、少子高齢化が進む日本と比べて平均年齢が低いという特徴があります。若くて勤勉な労働者が、うまくすればこの先20年、30年と働き続けてくれるかもしれない。その期待値の高さは、高齢化が進む日本の製造業、運輸業、建設業の現場などで顕著です。

親日で今後の成長にも期待がもてる

アジアのなかでも特に東南アジアは比較的親日の国が多く、日本との外交関係も良好です。日本びいきの若者も多く、私たちが関わってきた現地企業のＭ＆Ａでも「日本の生産管理方式等を学べてスキルが上がる」といった買収後の声がよく聞かれます。

また各国や域内全体で見ても、成長率が停滞したままの日本に比べて右肩上がりの国がほとんどです。

人材獲得の場としてだけでなく、販路や製造・物流拠点としてもきわめて期待値が高いといえるでしょう。

Ｍ＆Ａの経験値を積んだうえで視点を海外に向けることも、検討に値するでしょう。

他方で注意点もあります。政争などのリスクのほか、ヒマラヤの氷河融解等が原因で近年、タイやカンボジアでは水害が多発しています。こうした自然災害による工場の操業停止といった事態も、想定しておく必要があります。

ディールやPMIにおいても、もちろん神経を使わなければなりません。商習慣はもちろんとして、根本的に法律（なかでも独占禁止に関わる「競争法」には注意が必要）や税制が異なるわけですから、そのあたりは現地の事情や交渉術に秀でたコンサルタント選びが欠かせません。

難しい点もありますが、売り手市場でライバルが多い国内のM&A市場に比べて、海外M&A市場、それも私たちが強化している東南アジアエリアは、いまだ手つかずの穴場ともいえるのです。自社のビジョン達成に活かせないか、一度考えてみてはいかがでしょう。

M&A事例

「人材獲得戦略」型M&A

コロナ禍に、「リモートのみ」で海外M&Aに成功!

製造業

株式会社STG

M&A実績:1社

DATA

創業:1975年　本社:大阪府八尾市　代表取締役社長:佐藤輝明

従業員数:605名(2023年3月末)※連結　資本金:1億9506万円

年商:46億8400万円(2023年3月期)※連結

事業内容:マグネシウムおよびアルミダイカスト製品製造

2019年6月、STGは東京プロマーケットに上場を果たしました。第2章の実例・オージックグループ(60ページ)でも紹介したように、東京プロマーケットはオーナーシップを維持したまま上場のメリットを享受できる市場です。

東京証券取引所のホームページで、同社代表取締役の佐藤輝明さんは、東京プロマーケットへの上場の意義を問われたインタビュー記事に「今までは琵琶湖に停泊していたとして、いきなり太平洋に出る前にまずは瀬戸内海で航海を始めよう、という感覚」と述べています。同社は「軽量化」をテーマに、実用金属では最も軽いマグネシウム、およびアルミニウムのダイカスト（溶かした非鉄金属を金型に流し込み、瞬時に成形する技術とその製品）を製造する企業です。年商は22年度実績で約46億8400万円。605名の従業員を擁しています。

1975年、大阪の町工場としてスタートした同社は、マグネシウム合金の二次加工への進出、爆発のリスクが高いマグネシウムの粉塵を集める集塵機の開発、さらにはマグネシウムの一次加工を行う会社をグループ化するなどして、成長を続けてきました。その後は香港や中国、タイにも進出。海外売上高比率を次第に高め、現在では50%を超えるまでになりました。

マレーシアのアルミダイカスト製造企業を買収

同社の海外売上高比率が50%を超えたのは、21年3月、マレーシアのアルミニウムダイカスト製品を作る企業を買収したことによります。この海外M&Aを、私たちのグループでお手伝いしたのです。

事の始まりは、当社と提携する地方銀行にありました。その地方銀行はかねてよりＳＴＧとお付き合いがありました。同行がＳＴＧに対して海外Ｍ＆Ａの話をしたところ、佐藤代表は大いに興味をもってくれました。いわば潜在需要を掘り起こすかたちでＭ＆Ａが実現化したのです。

先述のように、当社にはＡＳＥＡＮ諸国に拠点があり、マレーシアもその一つです。同国でアルミのダイカスト製品を作る企業（年商20億円、従業員５６０名）を買収先候補として、ＳＴＧに提案し交渉が始まりました。

ユニークだったのは、コロナ禍で海外渡航が厳しく制限される中で、リモートによる交渉や会話だけで最終契約のクロージングまでを行ったことです。もちろん、現地の会社訪問や調査、交渉などは当社のマレーシアの拠点にいる者が担当し、実際に足を運びました。ただし、当社国内スタッフおよびＳＴＧの関係者は誰一人、現地に足を運ばずリモートでＭ＆Ａを実行したのです。

いわば、私たちの現地拠点があったからこそ成立した案件といえるでしょう。現地の事情や商習慣、法制等に明るいスタッフが現地企業の調査や面談を代行します。そもそも、コロナ禍ではコンサルタントやその他のＤＤなどに必要な専門スタッフを揃えて派遣することは困難でもありました。現地のネットワークと人材が活用できたからこそ、残る交渉は日本からのリモート面談で完結できたのです。

仮に、日本から全てのスタッフを派遣してこの案件に臨んでいたらどうだったでしょう。日本とマレーシア、それぞれの出入国の制限や帰国後の待機期間などが課せられ、交渉は難航したのではないでしょうか。うまく成約に至るとしても、時間と費用のロスは相当なものになったと思われます。

売り手、買い手の双方が得たものとは

ＳＴＧは件の会社の子会社化に成功し、様々なものを得ました。マグネシウムほどではないにせよ軽量なアルミニウムの分野で製造能力や製品群を強化できたこと、また本体より多い560名もの労働力が得られたこと、中国とタイに加えてマレーシアという第三の海外販路や製造拠点を得て、結果として海外売上高比率を50％超に高めたこと、などです。

他方で、売り手の企業は年商ではＳＴＧよりやや少ないものの従業員数はＳＴＧを上回る規模の会社でした。とはいえ、案件の成約時にはＳＴＧ側の年間経常利益2億円に対して売り手側は5000万円と4分の1の水準でした。つまり、買い手のＳＴＧに比して、投資効果や利益率が低かったのです。

そうした売り手でしたが、日系の上場企業の子会社になることで従業員の間には安心感が

芽生えました。日本企業からの受注の期待やメイド・イン・ジャパン方式の品質管理、安全管理を導入できるのではないかという期待が高まっているそうです。

ちなみに、売り手企業の株主であったファンドは、株式を保有してから7年間ほど経過していたのですが、思ったほどの成長戦略、出口戦略を描けないでいたという状況もあり、日本の上場企業からの子会社化の提案を喜んで受け入れたのでした。

海外に販路や製造拠点を設けたい、あるいは海外の労働力で自社の人材不足をカバーしたいなどと考える中小企業の経営者や幹部は多いはずです。それらのニーズを自社で全て一から整備しようとすると、言うまでもなくとてつもない労力や費用、専門人材が必要となります。

そうした時は、発想を転換してM＆Aを活用することを一考してはいかがでしょう。その際には、当社のような海外現地拠点を有する仲介会社を検討するのもよいかと思います。

M&A事例

「人材獲得戦略」型M&A 「バリューチェーン」型M&A

長期的な視点でM&Aを活用。グループ全体の技術と採用力強化

技術サービス業

株式会社マイスターエンジニアリング

M&A実績：13社
（2023年6月末時点、文中記載も同様）

DATA

創業：1969年　本社：東京都港区　代表取締役社長：平野大介
従業員数：1348名（グループ15社連結2471名）※2023年6月末時点
資本金：10億5600万円
年商：約289億円（連結売上高、2023年3月期）
事業内容：重電機器や都市土木等の超重要インフラの改修・メンテナンスおよび半導体、自動車、産業機械等多様な分野への設計・開発・フィールドエンジニアリング等の技術サービスを提供

マイスターエンジニアリングの創業は1969年のこと。万博開催1年前の熱気に包まれた大阪での創業で、当時は東洋一と謳われた超高層ホテル「ホテルプラザ」の施設管理業

務を受託し、技術者32名で船出しました。

設立当初からの技術者集団としての強みを活かし、建築設備管理を中心とした分野でエンジニアリングとメンテナンスの技術を強化します。1980年代初頭からは、機械工学と電子工学を融合させた「メカトロニクス」の分野にも進出。国内外で産業プラントや半導体製造装置、省エネシステム、海水淡水化プラントなどの設計、施工、調整やメンテナンスの事業にも乗り出しました。

成長と株式上場、M&Aの実行

順調に成長を続けた同社は、1997年に大証二部に株式上場します。さらに2002年には東証二部にも重複上場。社会的な信用力も得つつ、エンジニアリングサービスの提供拠点を全国に拡大させていきました。

M&Aには早期から取り組んでおり、今ほどM&Aの機運が高くなかった2000年代にはすでに既存事業に関係する会社を4社、グループに加えています。

2018年、創業者の平野茂夫さん（現取締役会長）より社長のバトンを受け継いだ平野大介さんは、「社会の公器である企業の資本は、最も適切なオーナーにもたれるべき」という創業者の考えを受け継いでいると言います。

「私が入社したのは2016年なので、当グループの初期のM＆Aについては関わっておりません。しかしながら、当グループとしては2003年に東証プライムの大手商社から20％の出資を受けるなど、過去から資本業務提携には大きな抵抗はなく、むしろ経営資源の拡充等によるメリットを活かすことは自然だという考えが根づいていたのだと感じます」（平野社長）

中小企業をグループ化することが今よりはるかに少なかった時代から積極的にM＆Aに取り組んできた同グループの姿勢は、こうした企業体質によるものだったようです。

MBOによる非公開化とさらなるM&Aの実行

2010年代にもさらなるM＆Aを続けた同グループは、社会・産業インフラのメンテナンス技術者集団として、社会へのインパクトを高めるために、四半期決算や毎年の配当を気にすることなく、長期の目線で事業や人材育成に投資し続けることが必須と判断しました。その環境づくりのために2020年にはMBO（経営陣による上場株式の買収と株式非公開化）によって20年以上続いた上場を廃止。非公開化により新たなステージに踏み出した同グループは、これを「第二の創業」と位置付け、2020年以降だけでも、新たに7件のM＆Aを実施しました。

短期利益を追うファンドではない。長期ビジョンをもって社会インフラを守る技術サービス連邦を形成

同グループは、M&Aを通して高い技術力をもつ中小企業と「技術サービス連邦」を形成し、社会が当たり前に機能するためのインフラを未来につないでいくリーダーとなることを目指しています。MBOはそうした環境づくりの一環であり、非公開化以降のM&Aの加速もその成果であるといえます。

2022年度には200億円強だった同グループの連結売上高は、翌2023年度には289億円と約1・5倍に成長しました。ウィズ・コロナの定着などもあるにはせよ、急拡大の要因は、主にMBO後に行ってきたM&Aが、グループの決算に寄与してきたことにあります。

ただし、平野社長は目先の数字や売上げアップのみを目的としたM&Aではない、ということを強調します。

「私たちはファンドではありません。ファンドなら、買収後にその企業価値を短期で高め、より高く買ってくれる買い手に売却することで利益を得るのが主軸でしょう。私たちは、より長期の視点で、共に成長し技術を磨き合うことを主眼に据えて、M&Aを実行していま

す。そのため、グループに加わってくれる企業の屋号は維持しますし、極力プロパーの人材をトップに据えることも実施してきました。技術サービスは人財の育成に時間がかかる産業なので、各会社の文化を大切にしつつ、長くコミットできるトップが重要だからです。また、各企業が自走できるよう、買収後の経営体制についても、実行前にしっかりと協議を行います。同様に、M＆Aの案件を紹介してくれるアドバイザーや監査等の実務を行う専門家に対しても、過度な価格交渉を求めないことを信条にしています。立場が逆なら、そうした買い手とは長期間の関係を築こうとは思わないと考えるからです」(平野社長)

13件のM＆Aを振り返る。鍵は人材不足と全てをこなす創業社長

平野さんが社長に就任した2018年以降、グループが実施してきたM＆Aは8件に上ります。その多くは本業周辺のバリューチェーンの強化や、人材活用を視野に入れた案件です。

売り手である中小企業オーナーの売却理由で共通するのが、「人が採用できない」ことだと言います。

「多くの中小企業では新卒や経験者の採用をかけても、全く人が集まらないのが現状です。建設や技術サービスの分野では特にその傾向が強く厳しい状況です。お金や技術はあるもの

の、人が足りないから事業が継続できずにＭ＆Ａを検討した、といったケースが急激に増えてきています」（平野社長）

そうした悩みを抱える中小企業の多くは、同時に事業承継という問題も抱えています。創業者である現社長が現業だけでなく経理等のバックオフィスも管理するスーパーマンであり、会社全体を見ることのできる人がその社長ひとりしかいない状態となっていることが散見され、仮に株式承継の問題がなかったとしても、トップが務まる後継者がいないのです。

「当社グループに加わっていただくと、現業以外の総務・経理・人事などのバックオフィス領域はグループで引き受けられるので、現業に集中していただけます。そのように環境が整備されることで、後継者の選択肢を増やすことができます」（平野社長）

こうした人材不足に悩みを抱える会社が、Ｍ＆Ａに積極的でかつグループ企業を大事に扱っている同グループを買い手として選ぶ場面が増えているのです。

同社のグループに入ることで強力な採用力が生まれた

同グループには、現在15のグループ企業が存在します。そのうちの13社は、Ｍ＆Ａによってグループ化したものです。

本編でも述べた「ストラテジック・バイヤー」として、Ｍ＆Ａの知見を高めてきた同グループですが、回数を重ねるごとにシナジー効果も高まり、PMI（買収後の経営統合）もうまく運べるようになったことを実感しています。シナジー効果発揮の一つの鍵が採用と教育です。「現在、グループ全体を対象に採用活動を実施しています。グループ企業が増えて企業間での人材交流や異動が増えたこともプラスに影響して、近年は年間で110名超の新卒採用、90名超の中途採用ができています。新人教育や各種技術の研修のための専門施設（ME技術センター）も自社で保有し、外資系コンサル出身の経営層と現場の連携により構築しているオリジナル研修プログラムにより、新卒・中途人員の教育、研修の能力や精度も飛躍的に高まっていると感じます」（平野社長）

スタンドアローンのままでは、いくら技術や経営に秀でた中小企業でも、大学生をはじめとする将来を担うような人材にその存在を知ってもらえず、興味を抱いてもらえません。しかし、長期的な視点でM&Aを続けた結果、連結売上高約300億円、グループ計2400名を超えた同社グループなら、採用や教育の効果もグループで最大化できるうえに、人材に対する訴求力も飛躍的に高まるのです。

会社運営におけるグループ標準の共有化とは？

グループ各社のカルチャーや屋号、プロパーの存在を重視する同グループの結束のありようは、いわばゆるやかな「連邦制」ともいえます。
とはいえ、最低限のルール設定はグループ各社に求めており、今後もその方針を維持していくということです。
「オーナー社長の個性で運営されていた会社では特に、コンプライアンスやハラスメント対策がこれまで実施されてこなかった、といったことがよくあります。労務管理をはじめとして、重要な項目については共通言語というかグループ全体に要求する標準（スタンダード）はしっかりと設けて共有することは強く意識しています」（平野社長）
そのうえで、本社とグループ各社の経営幹部を集めた経営会議を主催、さらに現場レベルでも仕事の進め方や技術の継承、共有のためのアクションを必要に応じて行うということです。いわば、自主性を尊重しつつも要所を締めたＰＭＩというところでしょうか。

人材不足〝2030年クライシス〟解決をリードする存在に

同グループは、「2030年クライシスに陥る『超重要インフラ』メンテナンス人材不足調査レポート」と題した独自の調査報告書を2023年4月に公表しました。

超重要インフラ（金融、空港、鉄道、医療、行政サービス等の14分野）のメンテナンスを支える技術者数は2000年以降減少を続け、2045年には2000年比で約半減するという衝撃的な予測です。報告書によれば、その減少速度は少子化による生産年齢人口減少の1・5倍以上のペースということです。つまり、私たちの暮らしや仕事に欠かせない超重要インフラのメンテナンスが人材不足により維持できなくなる懸念があるということです。

こうした状況を打破するための具体的なアクションとして、同グループは3つの施策を併せて発表しました。それが、「門戸開放と科学的教育」、「現場業務のＤＸ推進による業務効率の抜本改善支援」、「技術サービス連邦化」の推進です。

「門戸開放と科学的教育」、「現場業務のＤＸ推進による業務効率の抜本改善支援」については、ストラテジック・バイヤーとしてのシナジー効果を発揮する領域です。グループ全体での一括採用や教育、研修システムと場所の共有などで、新人教育やＤＸ化を個社で行うよりも効率的に取り組めます。

「例えば門戸開放ということでは、これまでの理系出身者や男性偏重ではなく、文系や女性もエンジニアとして積極的にターゲットとしていくことを見据えています。現に、直近の採用では、約110名の新卒採用のうち、文系は20名、うち4名は女性を採用しています。中途採用も同様に、90名超のうち、3名が女性エンジニアとなっています」（平野社長）

3つ目の施策、「技術サービス連邦化」には特に注力したいと平野社長は考えています。

「M&Aによってグループに加わっていただくことで、社会において今後も必須であり続ける、インフラメンテナンスに関する各社の専門技術を継承できます。私たちの方針に共感していただき、株式を預けたいというお声があれば、2030年クライシス回避のためにも、積極的にM&Aを検討していきたいと思っているところです」（平野社長）

第6章

これからの日本企業・経済の成長のために
——近未来のM&Aの展望

1 コロナで萎んだ需要が23年以降上向く可能性が高い！

最終章では、今後のM&Aのありようや市場自体の予測について、私たちが感じていることを中心にまとめていくこととします。

ゼロ・ゼロ融資の返済が始まった今が、絶好の買いのタイミング

コロナ禍の下では、持続化給付金や雇用調整助成金といった国からの補助に加えて、官民を挙げての積極融資が行われました。中小企業向けにも多くの融資が行われ、それらの多くはいわゆる「ゼロ・ゼロ融資」でした。

ゼロ・ゼロ、つまり無利子で無担保の融資が始まったのは2020年の3月です。とはいえ、ここでいう無利子には条件があり「最初の3年間」です。実際に2023年の3月から、猶予されていた利子の支払いが始まりました。

その負担を嫌う借り手企業は、余力に応じて既にゼロ・ゼロ融資の元本返済を始めてい

図18　コロナ関連破たんの件数

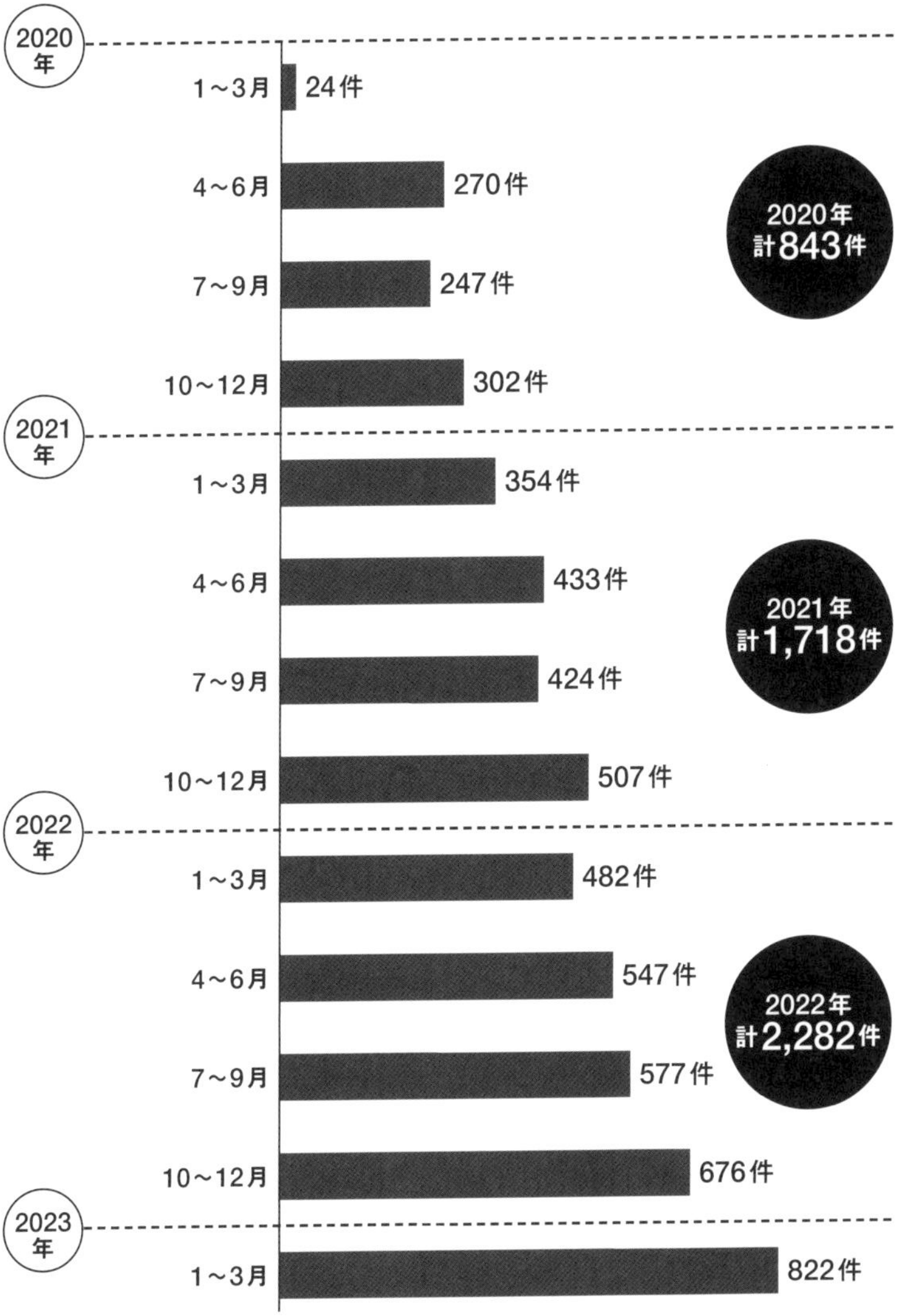

出所：「コロナ関連破たん判明件数」（東京商工リサーチ）を基に作成

ます。しかし、そうした余力のない企業も多いのが現状です。

いくらかの期間、返済猶予が認められても、近い将来「借りた金」は返さなければなりません。こうした現状を踏まえ、自主的に廃業を選択したり、円安、資源高不況のあおりも加わり、倒産や破たんの憂き目に遭う企業も増えているのが現状です。

東京商工リサーチが2023年4月に発表した「新型コロナウイルス関連破たん」の動向調査によれば、破たん件数の推移は月次ごとに多少の上下はあるものの、2020年の843件から、2021年は1718件とほぼ倍増し、2022年も2282件に上り、前年比で3割増となりました（前ページ図18参照）。

2022年の破たん件数の中でも目立つのが、飲食店の679件と建設・工事業の582件という数値です。飲食店についてはコロナ禍による客足の減少やウィズ・コロナ政策による助成金の支給停止、人材不足に材料費の高騰などが起因していると予想できます。また、建設・工事業では、公共工事の減少に加えて資材の高騰や外国人人材が入国できなくなっていたことによる人材不足等が複合的に影響し合っていると考えられます。

これからの大廃業・倒産時代の企業の生き残りや事業承継、さらには持続的な成長にも資するのがM&Aです。自主的に廃業を決める企業の中には、健全性のみならず将来性をも兼ね備えた優良企業はたくさんあります。

Ｍ＆Ａはいわば「輸血」で、そうした企業に買い手の資本やカルチャーを融合させることで、事業継続を諦めかけていた企業がよみがえるのです。

大廃業・倒産時代も、見方を変えれば買い手企業は日本経済の救世主ともなり得るわけです。自社の経営戦略とともに、今からビジョンの策定やＭ＆Ａの準備に力を注いでおくべきではないでしょうか。

2 官民挙げてのM&A支援が強化される時代

相次ぐ中小企業の廃業や経営者の高齢化等の問題を受けて、国も事業承継やそのための手法でもあるＭ＆Ａの支援に積極的に乗り出しています。今後、こうした国策はますます強化されていくと見ています。

例えば２０２１年度から、中小企業庁による「Ｍ＆Ａ支援機関登録制度」が創設されました。一定の条件を満たす登録希望者は、Ｍ＆Ａ支援登録事務局のデータベースに登録されるのです。同制度に登録したコンサルタントや仲介会社にＭ＆Ａの実務（対象会社の資産調査や各種ＤＤの実務等）を依頼した場合、そうした費用のうち、最大で６００万円（補助率は補助対象経費の3分の2以内）まで補助される制度もできています。

民間の努力も続いています。例えば、当社グループでは「バトンズ」というプラットフォームサイトを立ち上げて運営中です。

バトンズは、売上高数百万～1億円程度の小規模な売買案件を仲介するプラットフォームです。バトンズを用いれば、インターネット上で売り買い双方が成約まで至ることも可能です。

あるいは、マッチングの場として最初にバトンズを利用して話が進み、いざ資産調査やＤＤ等の実務、契約内容の相談のために会計事務所などの専門家を利用するという方法もあります。

２０２２年12月時点で既に３０００件を超える成約数を誇るバトンズによって、Ｍ＆Ａはより一般的なものになっていくでしょう。

金融機関の積極姿勢と資金調達

Ｍ＆Ａ活性化のための支援等も広がっています。例えば当社では、東京海上日動火災保険と提携し、Ｍ＆Ａの売り買い双方に、表明保証保険のサービスを負担金なしで提供しています。

表明保証とは、売り手が買い手に対して行う約束のことです。「○○書類の内容に間違いはないこと」「■■工場の不備点は、いつまでに売り手の責任で補修しておくこと」といった約束で、買い手に安心感を与えるほか、買い手の社外取締役やステークホルダーに向けた対策でもあります。

万一クロージング後に表明保証した内容に齟齬《そご》がある場合、買い手は売り手に対して何らかの賠償等を求めることが一般的です。仮にそうした事態が発生しても、売り買い双方が金銭的な負担等を負わないで済むというのが表明保証保険です。

当社では上限を500万円（免責50万円を除く）として、先述のように売り買い双方に負担金なし（私たちがその保険料を負担）で提供しているのです。なお、大きなディール等で500万円の補償額では不安という場合は、当該企業自身の判断と負担でより高額な補償が受けられる保険に加入することもできます。

こうした保険制度や商品、企業間の提携が増えることで、M＆Aのディールにも安心して取り組める体制が強化されていくのではないでしょうか。

並行して、大小の金融機関によるM＆Aのための融資も充実してきています。特に、一部の地域密着型の地方銀行などが積極的で、買い手から依頼のあった案件に融資する他、地方銀行自体が専門部署や担当を置き、自ら収集してきた売り案件を、取引のある企業に斡旋、紹介することもあります。

買い手企業として、付き合いのある銀行には日頃からM＆Aの買い意欲があることを伝えておくべきです。その際、メインバンクはもちろんとして取引金額や機会が少ない金融機関に対しても、メインバンクと同等かそれ以上のアピールをしておくのが有効です。

金融機関も今は取引が少なくても、機会があればそうしたM＆Aに積極的な企業との実績を増やし、ゆくゆくはメインバンクになろうと考えるものです。実際、私たちとお付き合いのある買い手企業の中にも、M＆A案件の紹介を契機にメインバンクを切り替えたといった企業が多くあります。

いずれにせよ、買い手にM＆A資金を融資する場合、返済の原資は「買収した企業の利益から毎年返済」というのが金融機関側の考えです。逆に言えば、買い手としては虎の子の自社余剰金はできるだけ使わず、借入れによって買収を行うのが理想です。

PMIの工夫などで早期に買収した企業を成長軌道に乗せ、毎年の返済を繰り返していく。こうした実績の積み重ねがあることで、2件目、3件目の融資も引き出しやすくなるというものです。「ストラテジック・バイヤー」になれるほど自己資金が豊富にない、などと思う必要はなく、日頃から金融機関と積極的に付き合い、信頼を蓄積することで、借入れを主体としたM＆A戦略が可能になるのです。

M&A事例

「地域戦略」型M&A 「バリューチェーン」型M&A

地方発で都市部の企業などを連続M&A。成長のお手本!

建設業

TAKUMI-NOホールディングス株式会社

M&A実績:11社

DATA
創業:1889年 本社:東京都千代田区 代表取締役社長:小野晃良
従業員数:554名(グループ連結)
資本金:1000万円 年商:約150億円(グループ連結)
事業内容:土木工事、鋼構造物の製造、溶射・塗装、環境関連事業等

TAKUMI-NOホールディングス(2019年組織改編で誕生)は、1889(明治22)年に福島県で創業した小野工業所を中心とする、橋梁や道路工事、地盤改良といった「土木工事」、鋼橋や鉄骨の製造を行う「鋼構造物の製造」、建築の設計や鋼構造物の生産設計を行う

「設計」、さらに造園業や木くずのリサイクルを行う「環境」事業を柱とする持ち株会社です。

グループの6代目社長の小野晃良さんは、「持続可能な社会基盤をつくる」ことをグループの理念に掲げ、建設業界の構造革新を目指しています。

現在、本体も合わせて計11のグループ企業を有します。その内訳は首都圏と関東で4社、東北および北海道に3社、九州に3社となっています。グループの中核を担う小野工業所の創業の地は東北の福島県ですが、現在では関東や九州に多くの拠点を擁する構図に変化しています。

M&A路線に舵を複数回切る

小野社長の下、2015年を契機として、同グループはM&Aによる資本提携や事業譲渡を用いて成長を目指すという戦略に舵を切りました。これまで行ってきたM&Aはトータルで11回にも上ります。

15年には東京（1社）、千葉（3社）と首都圏の4社と立て続けに資本提携。翌16年には小野工業所の東京支店を立ち上げ、さらに16～18年にも千葉県内で2社をM&Aで買収。一挙に拠点を拡充し、首都圏進出を果たしたのでした。

第1章でも述べましたが、少子化や中小企業の後継者不足もあって現在は「地方の会社が都市部の会社を買収する」スタイルのM＆Aが増えています。かつては逆の流れ、つまり都市部の会社が地域戦略の一環として地方企業を買収することはありましたが、現在のような「地方から都市部へ」という動きは少数でした。

言うまでもなく、人口減少はより地方で深刻です。市場や商機は年々縮小を続け、中小企業は成長どころか現状維持に腐心しているのが一般的な状況です。まして、公共工事が売上げに占める割合の大きい土木や建設業界にあっては、全国的な公共事業縮小の波もダブルパンチとなり、成長戦略を描くのは並大抵のことではありません。

同グループにとっても、こうした事情は共通の課題でした。創業地の福島県や東北で土木事業を中心に行っていた小野工業所単体では、中小企業受難の時代に単独での成長には限界があると考え、思い切ったM＆A戦略に舵を切ったのです。

M＆Aの基本戦略を作り上げた

15年当時も今も、建設業界が直面する課題は大きく二つでした。

一つは、若年労働者の不足、それも特に技術を要する分野と、中小建設業の後継者不足という「人材不足」。もう一つは、元受け→一次下請け→二次下請け……といった「重層構造」による過大なコスト負担です。

グループ代表の小野社長は、こうした課題とグループのビジョン「持続可能な社会基盤をつくる」を総合的に勘案して、三つのＭ＆Ａ基本戦略を策定しました。

①自社業務の川上と川下に進出することで重層構造を排除。取引コスト削減で生産性を向上させる。

②中小企業単独では負担が大きい「採用、人材開発、研究開発」をグループ化による規模の経済で効果的に実施。

③ＰＭＩによって経営水準をレベルアップし、各企業とグループ全体を成長させる。

その後は、この基本戦略に忠実にＭ＆Ａを行っていきます。

15年の4案件のうち、最初の3件でバリューチェーンの川下分野を強化。4件目以降では、おおむね川上を含めた周辺領域を強化してきました。

その結果、例えば大規模な橋梁工事では千葉県内のグループ会社が鋼桁《こうけた》を製作し、同じ千葉県内の別のグループ会社が防錆《ぼうせい》などのための金属溶射や塗装を実施。それらの管理を東京の小野工業所が行うという、グループによる内製化と一貫供給体制を整えることに成功したのです。

「バリューチェーンの輪の中で、自分たちにないものをもっているよい会社なら積極的にＭ＆Ａをしたいと当初から考えていました。ニーズを狭めすぎるのではなく、また担当コンサルタントからも指摘されていたように、一度や二度のM&Aで全てを満たそうとするのでもなく、譲渡企業を単独で見てそれが良い会社なら買って、自社のバリューチェーンを埋めていくつもりでした。今もそうした基本姿勢は変わっていない、といえます」（小野社長）

規模の経済とサプライチェーン強化

その後もM&Aを続けて周辺領域（鉄骨や建設機器、ペレット製造など）に進出した同グループでは、内製化と一貫供給体制を強化し続けます。その結果、生産性と共に利益率も向上。余裕資金をグループ全体への投資に回していきます。まさに、基本戦略の②の規模の経済が実現したのです。

具体的には、「施工プロセスの標準化」「基幹システムの統合」「研究、技術開発の共同実施」「グループ展開による採用・人材開発のプラットフォーム化」といった事柄です。既に述べたように、こうした事柄を中小企業一社が単独で行うのは困難です。しかし、グループが11まで増えて人員数（23年4月現在、連結ベースで554名）も飛躍的に増えた段階では、投資効果は高まります。

併せて小野社長が「真のサプライチェーン・マネジメント」と語る、最上流から下流までの全てのグループ会社で原価と販管費をコントロールすることにも取り組み、成功を収めました。また、単に工程と品質だけを管理するのではなくて、人事制度の刷新や人材育成にもグループを挙げて取り組んできたのです。

小野社長は、資本提携による効果を、以下のように述べています。

「TAKUMI-NOグループは、グループ全体で人事制度を統一しています。満65歳未満は月給制、満60歳未満は正規雇用、退職一時金制度、全従業員が同じ確定拠出型企業年金制度に加入することによって生涯獲得賃金を向上されることにより、建設業特有の季節変動がなく、長く安心して働ける企業グループを目指しています」（同グループ・ホームページより）

トップ面談から始まるPMI

11件のM&Aを経験してきた小野社長は、各企業との交渉で何を重視してきたのでしょう。

「売り手の会社はもちろん、業界のトレンドや将来性、また経営者の方の出身地や出身校、ご趣味などもていねいに調べます。トップ面談では会話を弾ませることを意識して、質問ではなくてこちらの熱意を伝えるようにしています。さらにM&Aを決意した理由や晴れて統合が実現した後のビジョンや成長戦略を伝えます。もちろん、先方のご希望があれば、できるだけ沿うことも申し述べます」（小野社長）

まさに基本に忠実にトップ面談などを経てきた小野社長は、回を重ねるごとに相手の信頼を勝ち取ることも増えていったということです。それを物語る一つの逸話があります。売り手となった会社の社長夫人から、小野社長宛に手紙が届いたのです。その趣旨は、以下のようなものでした。

「坂口工業と千葉防錆の社名はそのまま、それぞれの社長には清水、上野を立てていただき、従業員の雇用、お取引先様や仕入れ先様も今までどおり引き継いでくださるということで安心しております。私どもはこれで会社を退きますが、会社の皆様にはいつでも協力し、相談に乗っていく考えです」

2社を経営していた売り手の社長は、全てを同グループに売却。社長は退任しましたが、売却にあたっては後継に社内のプロパー登用を希望し、全従業員の雇用や取引先との関係も維持してほしいというリクエストをしていたのです。買い手の同グループはそれを原則全て約束し、その結果、こうした感謝の手紙が届いたというわけです。

このような信頼関係が最終契約までに築ければ、ＰＭＩの作業もスムーズに行えるでしょう。仮に何か感情的なしこりが生じても、この場合の社長夫人のような方が間に入るなどして調整役を担ってくれることでしょう。

まさに、ＰＭＩはトップ面談から始まると言っても過言ではありません。小野社長の信頼関係の結び方は、お手本のようなやり方です。

M&A後に事業をロールアップ

２０１５年にＭ＆Ａをした香取ベンダーテクニカルは、18年には今度は買い手として、越川工業株式会社の千葉県匝瑳《そうさ》市の工場を事業譲渡で譲り受けました。これにより、新たに建設機械の部材製造という事業領域を獲得し、売上高・利益ともにさらに成長をすることになりました。

さらに香取ベンダーテクニカルは、15年に1件目のＭ＆Ａで獲得した株式会社テッコーと鋼構造物製造事業を統合し、企業規模拡大により生産性を向上させました。

また２０２２年に、もともと同じ創業者である坂口照雄氏により事業を起こした坂口工業株式会社と千葉防錆株式会社を経営統合し、規模拡大により生産性向上を実現。このようにＭ＆Ａ後も継続して事業のロールアップを行い、成長させることを目指しています。

述べてきたように、同グループが取り組んできた11件のＭ＆Ａは、中小企業間のＭ＆Ａの模範解答例ともいえるものです。

・理念に基づくＭ＆Ａの基本戦略をしっかりともつ。
・トップ面談を何度も繰り返して経験値を得つつ、信頼醸成のスキルを高める。

・一度で全てを満たそうとせず、複数回のM＆Aを実施することでシナジー効果をさらに高める。
・PMIにも力を注ぎ、人材定着を図りながら成長軌道に導く。
・グループ相互の連携を深め、規模の経済や生産性向上、人員のスキルアップを図る。

私たちが本書で繰り返し述べてきた要点を全て具現化しているのが、同グループのM＆Aではないでしょうか。

読者の皆さんも、自分の身や会社に置き換えて読んでみられてはいかがでしょう。

同グループの理念は「持続可能な社会基盤をつくる」ことでした。それに基づくプロミスを、グループでは次のように定義しています。

「匠の技や知見が結集することで生み出される唯一無二のちから。100年後の暮らしを守るために、今ある課題に立ち向かう。」

グループは今後も理念とプロミスの実現に向けて、引き続きM＆Aに取り組んでいくということです。

結びに代えて
——M&Aは大企業の専売特許から中小企業へと大きく広まる

買わないリスクについて、目的別の6類型について、またDDやPMIの要諦や複数回のM&Aの効能や海外M&A等について述べてきました。実例や現場コンサルタントの生の声や感覚を重視しましたが、他方で制度の細かな内訳や書類の作り方といったきわめて実務的な部分では、割愛した要素も多くあります。

M&Aと同様、一度（一冊）のM&A指南書で全てを満たせると思わずに、他の情報にもあたるほか、お付き合いのあるコンサルタント、金融機関の担当者等と日頃からM&Aについて話をして感度を高めておいてください。

そして、言うまでもなくM&Aの知見や経験値、買収効果を最も高めることができるのが、実際の買収であることは論をまちません。焦らずに、しかしスピード感をもって1回、2回、3回と買収を続けることでストラテジック・バイヤーを目指してみてください。

かつて、大企業の専売特許と思われていたM＆Aのすそ野は大きく広がり、今後ますます中堅・中小企業にも広まっていくはずです。

一つの象徴的な事例が、「プロアクティブ・サーチ」でしょう。通常のM＆Aでは、仲介会社等から「売り」の案件が知らされてから初めて買い手は「買うか否か」を検討します。

しかし、プロアクティブ・サーチはスタートが根本から異なります。「〇〇で■■な企業をぜひパートナーに迎えたい」と、買い手の理想像を仲介会社等のコンサルタントに伝え、その条件に合う企業を、彼らプロの目で探してもらうのです。売る気があるかどうかもわからない対象企業を発掘し、あの手この手で先方（売り手候補）の意向や条件を探る難しいディールです。かつ、買い手の一方的な都合によるため費用も割高になります。

しかし、成功した時のシナジー効果は非常に高いものが期待できます。何といっても、買い手が欲しいジグソーパズルのピースがあらかじめ指定されているのですから。

こうしたサーチの手法も、かつては大企業の専売特許でした。しかし、近年では様相は一変しています。成約金額が数億〜数十億円の案件にもこうしたディールが増えつつあります。言い方を変えれば、ただアンテナを張って待ちと準備の姿勢に徹していた買い手が、歩を進めて一段階上のステージに至りつつある。自らが船を漕ぎ、大海に網を張るようになってきているのです。

M&Aによって事業継続を確固たるものにして、ビジョンに沿った成長戦略を実現する。こうしたスタンスを取る買い手企業は今後ますます増えるはずですし、またそうしなければ生き残りさえ叶わない厳しい時代を迎えつつあります。

ここまでお付き合いくださった買い手とその予備軍の企業関係者の皆様に、感謝申し上げます。本書におきましては、当社の小森健太郎（執行役員事業法人部長）と久力創（上席執行役員金融提携事業部事業部長）が執筆を担当いたしました。本書を通じて、M&Aのメリットや効果を再認識していただき、成長の手段としていただければ幸いです。皆様のご成功とご発展を、少しでもサポートできればと思います。

2023年9月

日本M&Aセンター事業法人部

Profile

日本M&Aセンター 事業法人部

企業の買収によって成長を支援することをミッションとした譲受け企業のマッチングから成約を支援する部署として2005年に設立。M&Aの主流が事業承継から成長戦略に移行しつつあるなか、全国の中堅・中小企業やベンチャー企業が一段上のステージへ成長するための支援を行う。成長ビジョンや戦略に沿った付加価値の高いマッチング提案や戦略立案に取り組み、企業の成長戦略を実現する。

小森健太郎（こもり・けんたろう）
株式会社日本M&Aセンター
執行役員 事業法人部 部長 兼 西日本法人1部 部長 兼 西日本支社長。
株式会社日本PMIコンサルティング取締役。中小企業診断士。
大手メーカー、ベンチャーキャピタルを経て、2009年に日本M&Aセンターへ入社。2013年、名古屋支社立ち上げメンバー。2017年、大阪法人部長就任。西日本を中心に主に譲受け企業の担当として、上場企業から中堅・中小企業やベンチャー企業まで、多種多様な企業の事業承継問題の解決や成長戦略の実現、TOB・カーブアウトといったあらゆるディールを経験。100件以上のM&A支援実績がある。

久力創（くりき・はじめ）
株式会社日本M&Aセンター
上席執行役員 金融提携事業部長 兼 金融法人部 部長。
日本プライベートエクイティ株式会社取締役。
大手金融機関を経て、2008年に日本M&Aセンターへ入社。東日本を中心に主に譲受け企業の担当として、数多くのM&A支援実績がある。現在では、大手金融機関等の提携先とともに、全国の事業承継問題・成長戦略実現の支援を行う。

伸びる企業の買収戦略
実録 中堅・中小M&A成功事例の徹底解剖！

2023年9月12日　第1刷発行

著　者――日本M&Aセンター事業法人部
発行所――ダイヤモンド社
〒150-8409　東京都渋谷区神宮前6-12-17
https://www.diamond.co.jp/
電話／03･5778･7235（編集）　03･5778･7240（販売）
装丁・デザイン―田中小百合
編集協力――山下隆（エディ・ワン）、楠本亘
製作進行――ダイヤモンド・グラフィック社
印刷――――加藤文明社
製本――――加藤製本
編集担当――前田早章

ISBN 978-4-478-11506-0